성경으로 본
千字文

김기우 | **편저**

선한청지기

머리말

성경에 기록된 많은 한자는 성경의 본뜻을 이해하기에 매우 적절한 표현입니다. 특히 우리말은 한자로 되어 있는 어휘가 70% 이상이라는 학자들의 말을 빌리지 않더라도 현실적으로 체감하는바, 한자를 알지 못하면 말의 근본을 알 수 없는 지경에 이르게 됩니다. 우리 곁에 있는 하나님의 말씀인 성경도 한자의 의미를 파악하지 못하면 그 깊은 뜻을 이해하기 어렵습니다. 이러한 난제를 풀기 위하여 『信 千字文』을 발간하였지만, 더 많은 독자들이 손쉽게 본문을 접하도록 큰 활자판으로 『성경으로 본 千字文』을 재출간하게 되었습니다. 또한 본문의 부수部首와 획수劃數를 일목요연一目瞭然하게 하였고, 본문의 간단한 의미와 출전出典을 명기하였습니다. 부록으로는 동음이의어同音異義語, 사자성어四字成語, 동자이음同字異音, 난해단어難解單語를 성경에 수록된 구절을 각주하였기에 독자는 성경의 본문을 일일이 찾아 봉독하고 성령의 인도하심을 받기 바랍니다.

성도들은 이 책으로 성경 공부를 할 수 있고, 복음을 이웃에게 전달할 수 있는 좋은 도구가 될 것으로 기대합니다. 특별히 이 책으로 국한문 성경을 자유롭게 봉독할 수 있는 한문 실력을 구비하여 하나님의 뜻을 밝히 터득하는 교재로 삼았으면 좋겠습니다. 이 책을 출간하기까지 도와주신 선한청지기 한정숙 사장님과 곁에서 차를 끓여주며 격려해준 사랑하는 윤영숙 아내에게 감사를 드리며, 모든 영광을 하나님께 드립니다.

주후 2011년 5월 灌園 김기우

天	地	創	造
하늘 **천** 大, 4획	땅 **지** 土, 6획	비로소 **창** 刀, 12획	지을 **조** 辶, 11획
混	沌	空	虛
섞일 **혼** 水, 11획	흐릴 **돈** 水, 7획	빌 **공** 穴, 8획	빌 **허** 虍, 12획
光	明	黑	暗
빛 **광** 儿, 6획	밝을 **명** 日, 8획	검을 **흑** 黑, 12획	어두울 **암** 日, 13획
水	面	運	行
물 **수** 水, 4획	낯 **면** 面, 9획	행할 **운** 辶, 13획	다닐 **행** 行, 6획

1 **天地創造** 하늘과 땅은 창조주에 의하여 만들어졌다.

2 **混沌空虛** 아무것도 없이 텅 비어 있다.

3 **光明黑暗** 빛과 어두움이다.

4 **水面運行** 물 위로 다닌다.

出典 ❶ 창세기 1 : 1 ❷ 창세기 1 : 2 ❸ 창세기 1 : 5 ❹ 창세기 1 : 2

穹	蒼	廣	闊
하늘 **궁** 穴, 8획	푸를 **창** 艹, 14획	넓을 **광** 广, 15획	넓을 **활** 門, 17획
曠	野	平	原
광활할 **광** 日, 19획	들 **야** 里, 11획	평평할 **평** 干, 5획	언덕 **원** 厂, 10획
東	西	南	北
동녘 **동** 木, 8획	서녘 **서** 襾, 6획	남녘 **남** 十, 9획	북녘 **북** 匕, 5획
春	夏	秋	冬
봄 **춘** 日, 9획	여름 **하** 夊, 10획	가을 **추** 禾, 9획	겨울 **동** 冫, 5획

1 穹蒼廣闊 푸른 하늘이 넓고 넓다.

2 曠野平原 넓은 들과 평평한 언덕이다.

3 東西南北 네 방향을 말한다. 동쪽, 서쪽, 남쪽, 북쪽을 말한다.

4 春夏秋冬 1년을 4계절로 나누어 봄, 여름, 가을, 겨울을 말한다.

出典 ❶ 창세기 1 : 7 ❷ 출애굽기 8 : 27 ❸ 창세기 13 : 14 ❹ 창세기 1 : 14

人	間	男	女
사람 **인** 人, 2획	사이 **간** 門, 12획	사내 **남** 田, 7획	계집 **녀** 女, 3획
言	約	守	護
말씀 **언** 言, 7획	맹세할 **약** 糸, 9획	지킬 **수** 宀, 6획	호위할 **호** 言, 21획
規	例	法	度
법 **규** 見, 11획	법식 **례** 人, 8획	법 **법** 水, 8획	법도 **도** 广, 9획
連	續	保	存
이을 **련** 辶, 11획	이을 **속** 糸, 21획	보전할 **보** 人, 9획	있을 **존** 子, 6획

1 **人間男女** 사람은 남자와 여자로 되어 있다.

2 **言約守護** 말로써 약속한 것을 지켜야 한다.

3 **規例法度** 일정한 규칙과 정례이며 법률과 제도이다.

4 **連續保存** 오랫동안 보전하여 있다.

出典 ❶ 창세기 1 : 27 ❷ 창세기 17 : 7 ❸ 레위기 19 : 37 ❹ 시편 12 : 7

萬	物	繁	盛
일만 **만** 艹, 13획	물건 **물** 牛, 8획	성할 **번** 糸, 17획	성할 **성** 皿, 12획
六	畜	食	糧
여섯 **육** 八, 4획	가축 **축** 田, 10획	밥 **식** 食, 9획	곡식 **량** 米, 18획
貴	賓	子	孫
귀할 **귀** 貝, 12획	손 **빈** 宀, 14획	아들 **자** 子, 3획	손자 **손** 子, 10획
神	之	對	話
하나님 **신** 示, 10획	갈 **지** 丿, 4획	대할 **대** 寸, 14획	이야기 **화** 言, 13획

1 萬物繁盛 우주의 모든 존재들이 성하고 퍼진다.

2 六畜食糧 집에서 치는 대표적인 짐승과 먹을 양식이다.

3 貴賓子孫 귀한 손님과 아들과 손자, 즉 후손을 말한다.

4 神之對話 하나님의 이야기이다.

出典 ❶ 창세기 1 : 22 ❷ 사도행전 15 : 29 ❸ 마태복음 1 : 1 ❹ 출애굽기 3 : 4

山	川	草	木
뫼 **산** 山, 3획	내 **천** 巛, 3획	풀 **초** 艹, 10획	나무 **목** 木, 4획
形	態	不	拜
형상 **형** 彡, 7획	모양 **태** 心, 14획	아니 **불** 一, 4획	절 **배** 手, 9획
仁	愛	嫉	妬
어질 **인** 人, 4획	사랑 **애** 心, 13획	미워할 **질** 女, 13획	투기할 **투** 女, 8획
善	惡	共	有
착할 **선** 口, 12획	악할 **악** 心, 12획	함께 **공** 八, 6획	있을 **유** 月, 6획

1 山川草木 지구상에 돌출한 높은 곳과 흐르는 시내, 들의 풀과 나무를 말한다.

2 形態不拜 사물의 생김새에 절하지 말라.

3 仁愛嫉妬 어진 마음으로 하는 사랑과 강샘이나 시기를 말한다.

4 善惡共有 착함과 악함이 함께 있다.

出典 ❶ 창세기 1 : 12 ❷ 신명기 5 : 8~9 ❸ 호세아 6 : 6, 출애굽기 34 : 14 ❹ 로마서 7 : 21

千	代	恩	惠
일천 **천** 十, 3획	시대 **대** 人, 5획	은혜 **은** 心, 10획	어질 **혜** 心, 12획
永	生	福	樂
길 **영** 水, 5획	낳을 **생** 生, 5획	복 **복** 示, 14획	즐거울 **락** 木, 15획
擇	民	選	別
가릴 **택** 手, 16획	백성 **민** 氏, 5획	가릴 **선** 辶, 16획	다를 **별** 刀, 7획
安	息	褒	賞
평안 **안** 宀, 6획	쉴 **식** 心, 10획	기릴 **포** 衣, 15획	상줄 **상** 貝, 15획

1 千代恩惠 많은 대에 이르러 베풀어 주신 혜택이다.

2 永生福樂 영원히 사는 것과 복과 즐거움이다.

3 擇民選別 선택한 백성을 구별하다.

4 安息褒賞 편히 쉼과 칭찬하여 상을 주었다.

出典 ❶ 출애굽기 20 : 6 ❷ 요한복음 3 : 16 ❸ 베드로전서 2 : 9 ❹ 요한계시록 14 : 13

過	去	記	憶
지낼 **과** 辶, 13획	갈 **거** 厶, 5획	기록할 **기** 言, 10획	생각 **억** 心, 16획
强	弱	調	節
강할 **강** 弓, 12획	약할 **약** 弓, 10획	고를 **조** 言, 15획	마디 **절** 竹, 15획
兄	弟	姉	妹
형님 **형** 儿, 5획	아우 **제** 弓, 7획	(손윗)누이 **자** 女, 8획	(손아랫)누이 **매** 女, 8획
父	母	恭	敬
아비 **부** 父, 4획	어미 **모** 毋, 5획	공경할 **공** 心, 10획	공경할 **경** 攴, 13획

1 **過去記憶** 지나간 때를 잊지 않는다.

2 **强弱調節** 강하고 약함을 균형 잡아 정돈을 한다.

3 **兄弟姉妹** 형과 아우, 손윗누이와 손아랫누이를 말한다.

4 **父母恭敬** 낳은 아버지와 어머니를 섬기고 존경하라.

出典 ❶ 신명기 6 : 12 ❷ 히브리서 11 : 34 ❸ 마태복음 13 : 55~56 ❹ 에베소서 6 : 1~2

愚	昧	無	識
어리석을 **우** 心, 13획	둔할 **매** 日, 9획	없을 **무** 火, 12획	알 **식** 言, 19획
滅	亡	捷	徑
멸할 **멸** 水, 13획	망할 **망** 亠, 3획	빠를 **첩** 手, 11획	지름길 **경** 彳, 10획
偶	像	依	賴
허수아비 **우** 人, 11획	모양 **상** 人, 14획	의지할 **의** 人, 8획	힘입을 **뢰** 貝, 16획
奴	隸	根	性
종 **노** 女, 5획	종 **예** 隶, 16획	뿌리 **근** 木, 10획	바탕 **성** 心, 8획

1 **愚昧無識** 미련하고 지식이나 식견이 없다.

2 **滅亡捷徑** 망하여 아주 없어진 지름길이다.

3 **偶像依賴** 목석이나 쇠붙이로 만든 헛된 상을 하나님처럼 의지하는 행위를 말한다.

4 **奴隸根性** 종의 뿌리가 깊이 박힌 성질이다.

出典 ❶ 호세아 4 : 6 ❷ 베드로전서 5 : 5 ❸ 이사야 42 : 17 ❹ 출애굽기 16 : 2

信	仰	至	尊
믿을 **신** 人, 9획	우러를 **앙** 人, 6획	지극할 **지** 至, 6획	높을 **존** 寸, 12획
決	斷	棄	古
결단할 **결** 水, 7획	끊어질 **단** 斤, 18획	버릴 **기** 木, 12획	옛 **고** 口, 5획
畏	懼	象	徵
두려워할 **외** 田, 9획	두려워할 **구** 心, 21획	형상할 **상** 豕, 12획	징험할 **징** 彳, 15획
君	主	嚴	威
임금 **군** 口, 7획	임금 **주** 丶, 5획	엄할 **엄** 口, 20획	위엄 **위** 女, 9획

1 **信仰至尊** 절대자를 믿는 것은 지극히 존귀하다.

2 **決斷棄古** 잘못된 옛 구습을 버리는 데는 용기를 가져라.

3 **畏懼象徵** 무섭고 두려움의 추상적인 사물을 구체화하는 것이다.

4 **君主嚴威** 임금은 두려움의 위풍이 있다.

出典 ❶ 히브리서 11 : 1 ❷ 골로새서 3 : 9 ❸ 레위기 19 : 3 ❹ 로마서 13 : 1

數	爻	複	雜
셀 **수** 攴, 15획	형상할 **효** 爻, 4획	겹옷 **복** 衣, 14획	섞일 **잡** 隹, 18획
特	産	栽	培
특별할 **특** 牛, 10획	낳을 **산** 生, 11획	심을 **재** 木, 10획	북돋을 **배** 土, 11획
盡	心	意	衷
다할 **진** 皿, 14획	마음 **심** 心, 4획	뜻 **의** 心, 13획	속 **충** 衣, 10획
目	的	達	成
눈 **목** 目, 5획	과녁 **적** 白, 8획	통달할 **달** 辶, 13획	이룰 **성** 戈, 7획

1 數爻複雜 일이나 물건의 낱낱의 수가 뒤섞여 뒤숭숭하다.

2 特産栽培 일정한 지방에 특별한 산출을 위하여 식물을 심어서 가꾸다.

3 盡心意衷 마음과 정성을 다하고, 마음속에 깊이 숨은 참뜻을 말한다.

4 目的達成 도달하려고 하는 목표를 이루었다.

出典 ❶ 창세기 15 : 5 ❷ 이사야 65 : 21 ❸ 마태복음 22 : 37 ❹ 빌립보서 3 : 14

盟	誓	確	實
맹세할 **맹** 皿, 13획	맹세할 **서** 言, 14획	확실할 **확** 石, 15획	열매 **실** 宀, 14획
所	願	致	就
곳 **소** 戶, 8획	원할 **원** 頁, 19획	이를 **치** 至, 10획	나갈 **취** 尢, 12획
城	邑	建	築
재 **성** 土, 10획	고을 **읍** 邑, 7획	세울 **건** 廴, 9획	쌓을 **축** 竹, 16획
果	園	施	設
과실 **과** 木, 8획	동산 **원** 口, 13획	베풀 **시** 方, 9획	베풀 **설** 言, 11획

1 **盟誓確實** 장래를 두고 약속하는 것은 틀림없어야 한다.

2 **所願致就** 기대하는 바가 이루어진다.

3 **城邑建築** 고을을 세우거나 쌓아 만든다.

4 **果園施設** 과수원을 조성한다.

出典 ❶ 창세기 28 : 22 ❷ 마태복음 7 : 7 ❸ 출애굽기 1 : 11 ❹ 전도서 2 : 4~5

大	罰	震	怒
큰 **대** 大, 3획	벌줄 **벌** 网, 14획	우레 **진** 雨, 15획	성낼 **노** 心, 9획
王	劍	妙	策
임금 **왕** 玉, 4획	칼 **검** 刀, 5획	묘할 **묘** 女, 7획	꾀 **책** 竹, 12획
試	驗	合	格
시험할 **시** 言, 13획	증험할 **험** 馬, 23획	합할 **합** 口, 6획	이를 **격** 木, 10획
先	進	受	勳
먼저 **선** 儿, 6획	나아갈 **진** 辶, 12획	받을 **수** 又, 8획	공 **훈** 力, 16획

1 大罰震怒 큰 벌은 하나님의 노여움과 심판이다.

2 王劍妙策 왕의 칼에 매우 기묘한 계책이 있다.

3 試驗合格 일정한 절차에 따라 검열하는 데 자격을 얻었다.

4 先進受勳 어떤 일에 앞서 나아갈 때 훈장을 받는다.

出典 ❶ 갈라디아서 5 : 19~21 ❷ 열왕기상 3 : 16~28 ❸ 야고보서 1 : 12 ❹ 잠언 11 : 18

謙	遜	正	直
사양할 **겸** 言, 17획	겸손할 **손** 辶, 14획	바를 **정** 止, 5획	곧을 **직** 目, 8획
最	高	德	也
가장 **최** 日, 12획	높을 **고** 高, 10획	큰 **덕** 彳, 15획	잇기 **야** 乙, 3획
牧	者	耶	蘇
기를 **목** 牛, 8획	놈 **자** 老, 9획	어조사 **야** 耳, 9획	깨어날 **소** 艹, 20획
靑	丘	養	育
푸를 **청** 靑, 8획	언덕 **구** 一, 5획	기를 **양** 食, 15획	기를 **육** 肉, 8획

1 **謙遜正直** 자기를 낮추고 남을 높이며 거짓이나 꾸밈이 없이 곧고 바르다.

2 **最高德也** 가장 높은 도덕적 이상이다.

3 **牧者耶蘇** 목축을 업으로 하는 예수 그리스도를 말한다.

4 **靑丘養育** 푸른 언덕에서 길러 자라게 한다.

出典 ❶ 마태복음 11 : 29 ❷ 고린도전서 13 : 13 ❸ 요한복음 10 : 11 ❹ 시편 23 : 1~2

兒	童	麥	餠
아이 **아** 儿, 8획	아이 **동** 立, 12획	보리 **맥** 麥, 11획	떡 **병** 食, 17획
祝	謝	分	配
빌 **축** 示, 10획	사례할 **사** 言, 17획	나눌 **분** 刀, 4획	나눌 **배** 酉, 10획
群	衆	雲	集
무리 **군** 羊, 13획	무리 **중** 血, 12획	구름 **운** 雨, 12획	모을 **집** 隹, 12획
秩	序	整	然
차례 **질** 禾, 10획	차례 **서** 广, 7획	정돈할 **정** 攴, 16획	그럴 **연** 火, 12획

1 兒童麥餠 어린아이와 보리 떡

2 祝謝分配 하나님께 감사의 기도를 드리고 몫을 고르게 나누다.

3 群衆雲集 많은 사람들이 구름같이 모였다.

4 秩序整然 정하여진 순서나 절차가 가지런히 정돈되었다.

出典 ❶ 요한복음 6 : 9 ❷ 요한복음 6 : 11 ❸ 마가복음 2 : 2~3 ❹ 누가복음 9 : 14

奇	蹟	發	顯
기이할 **기** 大, 8획	흔적 **적** 足, 18획	열 **발** 癶, 12획	나타날 **현** 頁, 23획
滿	足	歸	家
찰 **만** 水, 14획	흡족할 **족** 足, 7획	돌아갈 **귀** 止, 18획	집 **가** 宀, 10획
門	柱	近	方
문 **문** 門, 8획	기둥 **주** 木, 9획	가까울 **근** 辶, 8획	방위 **방** 方, 4획
逾	越	羔	血
넘을 **유** 辶, 13획	넘을 **월** 走, 12획	새끼양 **고** 羊, 10획	피 **혈** 血, 6획

1 奇蹟發顯 신의 자연적인 힘에 의하여 생기는 불가사의한 현상이 바깥으로 드러나 보였다.

2 滿足歸家 바라던 대로 이루어져 흐뭇하게 집으로 돌아갔다.

3 門柱近方 문과 기둥의 가까운 곳이다.

4 逾越羔血 한도를 넘고, 어린 양의 피이다.

出典 ❶ 누가복음 7 : 14~15 ❷ 마태복음 9 : 7 ❸ 출애굽기 12 : 7 ❹ 출애굽기 12 : 13

七	族	追	放
일곱 **칠** 一, 2획	일가 **족** 方, 11	쫓을 **추** 辶, 10획	놓을 **방** 攴, 8획
婚	姻	禁	止
혼인할 **혼** 女, 11획	혼인할 **인** 女, 9획	금할 **금** 示, 13획	그칠 **지** 止, 4획
誘	惑	墮	落
이끌 **유** 言, 14획	의심할 **혹** 心, 12획	떨어질 **타** 土, 15획	떨어질 **락** 艹, 13획
彫	刻	華	麗
새길 **조** 彡, 11획	새길 **각** 刀, 8획	빛날 **화** 艹, 12획	고을 **려** 鹿, 19획

1 七族追放 일곱 족속을 쫓아낸다.

2 婚姻禁止 남녀가 시집가고 장가드는 일을 못하도록 막는다.

3 誘惑墮落 남을 꾀어서 정신을 어지럽게 하고 품행이 나빠서 잘못된 길로 빠지는 것이다.

4 彫刻華麗 어떤 형상을 새기거나 빚어서 만든 것이 환히 드러나게 아름답다.

出典 ❶ 신명기 7 : 1 ❷ 신명기 7 : 2~3 ❸ 신명기 7 : 4 ❹ 시편 115 : 4

敵	陣	破	壞
원수 **적** 攴, 15획	진칠 **진** 阜, 10획	깨뜨릴 **파** 石, 10획	무너뜨릴 **괴** 土, 19획
周	圍	擾	亂
두루 **주** 口, 8획	둘릴 **위** 口, 12획	어지러울 **요** 手, 18획	어지러울 **란** 乙, 13획
權	能	閉	鎖
권세 **권** 木, 22획	능할 **능** 肉, 10획	닫을 **폐** 門, 11획	쇠사슬 **쇄** 金, 18획
贖	愆	自	由
속죄할 **속** 貝, 22획	허물 **건** 心, 13획	스스로 **자** 自, 6획	행할 **유** 田, 5획

1 **敵陣破壞** 적의 진지를 사용할 수 없도록 때려 부수거나 헐어버린다.

2 **周圍擾亂** 바깥 둘레가 시끄럽고 떠들썩하다.

3 **權能閉鎖** 문을 닫고 거는 것처럼 권세와 능력을 막는다.

4 **贖愆自由** 자신의 허물을 용서받고 풀리는 몸이 된다.

出典 ❶ 이사야 23 : 11 ❷ 여호수아 2 : 24 ❸ 마태복음 9 : 6 ❹ 레위기 6 : 6~7

巴	珊	牛	羊
땅이름 **파** 己, 4획	산호 **산** 玉, 9획	소 **우** 牛, 4획	양 **양** 羊, 6
基	業	擴	張
터 **기** 土, 11획	일 **업** 木, 13획	넓을 **확** 手, 18획	베풀 **장** 弓, 11획
新	田	沃	土
새 **신** 斤, 13획	밭 **전** 田, 5획	기름질 **옥** 水, 7획	흙 **토** 土, 3획
輸	出	增	殖
나를 **수** 車, 16획	날 **출** 凵, 5획	더할 **증** 土, 15획	번성할 **식** 歹, 12획

1 **巴珊牛羊** 바산(지역)의 소와 양이다.

2 **基業擴張** 대대로 물리어 내려오는 재산과 사업을 넓히다.

3 **新田沃土** 새로 사거나 개간한 밭이 기름지다.

4 **輸出增殖** 물건을 실어서 내보내는 것을 더하며 늘리다.

出典 ❶ 시편 22 : 12 ❷ 여호수아 17 : 18 ❸ 출애굽기 3 : 17 ❹ 열왕기상 5 : 11

銅	鐵	豊	富
구리 **동** 金, 14획	쇠 **철** 金, 21획	풍성할 **풍** 豆, 13획	가멸 **부** 宀, 12획
讚	頌	聯	唱
기릴 **찬** 言, 26획	칭송할 **송** 頁, 13획	연할 **련** 耳, 17획	부를 **창** 口, 11획
聖	靈	孕	胎
거룩할 **성** 耳, 13획	신령 **령** 雨, 24획	아이밸 **잉** 子, 5획	아이밸 **태** 肉, 9획
素	朴	啓	示
휠 **소** 糸, 10획	진실할 **박** 木, 6획	열 **계** 口, 11획	보일 **시** 示, 5획

1 銅鐵豊富 구리와 쇠가 넉넉하고 많다.

2 讚頌聯唱 미덕을 기리고 칭찬을 연하여 부른다.

3 聖靈孕胎 삼위일체의 제3위인 성령으로 아이를 배다.

4 素朴啓示 거짓이나 꾸밈이 없이 순수하고 자연스러움에 대한 진리를 알게 한다.

出典 ❶ 창세기 4 : 22 ❷ 이사야 43 : 21 ❸ 이사야 7 : 14, 마태복음 1 : 20 ❹ 누가복음 1 : 34

戶	籍	命	令
집 호 戶, 4획	문서 적 竹, 20획	명령할 명 口, 8획	명령할 령 人, 5획
舍	館	退	斥
집 사 舌, 8획	객사 관 食, 17획	물러갈 퇴 辶, 10획	내칠 척 斤, 5획
矜	恤	吝	嗇
불쌍히여길 긍 矛, 9획	불쌍히여길 휼 心, 9획	아낄 인 口, 7획	아낄 색 口, 13획
慈	悲	稀	薄
사랑 자 心, 13	슬플 비 心, 12획	드물 희 禾, 12획	엷을 박 艹, 17획

1 **戶籍命令** 호수(戶數)와 가족별로 장부를 기록하도록 하달하는 명령이다.

2 **舍館退斥** 여관에서 물리침을 받았다.

3 **矜恤吝嗇** 불쌍히 여겨 돌봄을 몹시 아끼다.

4 **慈悲稀薄** 동정심과 자애로움이 전혀 없다.

出典 ❶ 누가복음 2 : 5 ❷ 누가복음 2 : 7 ❸ 마태복음 5 : 7 ❹ 마태복음 12 : 7

襁	褓	覆	蓋
포대기 **강** 衣, 16획	포대기 **보** 衣, 14획	덮을 **복** 襾, 18획	덮을 **개** 艹, 14획
忠	僕	看	做
충성 **충** 心, 8획	종 **복** 人, 14획	볼 **간** 目, 9획	지을 **주** 人, 11획
玉	體	抱	擁
구슬 **옥** 玉, 5획	몸 **체** 骨, 23획	안을 **포** 手, 8획	안을 **옹** 手, 16획
胸	部	爽	快
가슴 **흉** 肉, 10획	나눌 **부** 邑, 11획	시원할 **상** 爻, 11획	쾌할 **쾌** 心, 7획

1 襁褓覆蓋 포대기로 덮다.

2 忠僕看做 주인을 정성스럽게 섬기는 시중꾼으로 보아 준다.

3 玉體抱擁 임금의 몸을 품에 껴안다.

4 胸部爽快 가슴 부위가 시원하고 상쾌하다.

出典 ❶ 누가복음 2 : 7 ❷ 창세기 24 : 2 ❸ 누가복음 2 : 28 ❹ 사무엘상 16 : 23

埃	及	旅	路
티끌 **애** 土, 10획	미칠 **급** 又, 4획	나그네 **려** 方, 10획	길 **로** 足, 13획
乳	香	附	帶
젖 **유** 乙, 8획	향기 **향** 香, 9획	붙일 **부** 阜, 8획	가질 **대** 巾, 11획
孤	獨	踏	步
홀로 **고** 子, 8획	홀로 **독** 犬, 16획	밟을 **답** 足, 15획	걸음 **보** 止, 7획
重	刑	交	替
무거울 **중** 里, 9획	형벌 **형** 刀, 6획	바꿀 **교** 亠, 6획	바꿀 **체** 日, 12획

1 埃及旅路 이집트로 여행가는 노정이다.

2 乳香附帶 유향을 곁들여 덧붙이다.

3 孤獨踏步 흩어지고 외로움으로 제자리걸음을 하다.

4 重刑交替 크고 무거운 형벌을 번갈아 대신하다.

出典 ❶ 마태복음 2 : 13 ❷ 마태복음 2 : 11 ❸ 마태복음 27 : 31 ❹ 마태복음 27 : 32

戲	弄	充	溢
희롱할 **희** 戈, 16획	희롱할 **롱** 廾, 7획	가득할 **충** 儿, 6획	가득할 **일** 水, 13획
默	認	忍	耐
잠잠할 **묵** 黑, 16획	알 **인** 言, 14획	참을 **인** 心, 7획	견딜 **내** 而, 9획
架	上	絕	叫
시렁 **가** 木, 9획	위 **상** 一, 3획	결단할 **절** 糸, 12획	부를 **규** 口, 5획
切	腸	呼	訴
끊을 **절** 刀, 4획	창자 **장** 肉, 13획	부를 **호** 口, 8획	하소연할 **소** 言, 12획

1 **戲弄充溢** 말이나 행동으로 실없이 놀리는 일이 넘칠 만큼 많다.

2 **默認忍耐** 모르는 체하고 말없이 슬며시 승인하며 괴로움을 참는다.

3 **架上絕叫** 십자가 형틀 위에서 힘을 다하여 부르짖다.

4 **切腸呼訴** 창자가 끊어질 정도의 간절한 하소연이다.

出典 ❶ 마태복음 27 : 29 ❷ 마태복음 27 : 12 ❸ 마태복음 27 : 46 ❹ 누가복음 22 : 44

太	陽	失	氣
클 **태** 大, 4획	볕 **양** 阜, 12획	잃을 **실** 大, 5획	기운 **기** 气, 10획
揮	帳	兩	裂
휘두를 **휘** 手, 12획	휘장 **장** 巾, 11획	두 **량** 入, 8획	찢을 **렬** 衣, 12획
死	後	付	託
죽을 **사** 歹, 6획	뒤 **후** 彳, 9획	부탁할 **부** 人, 5획	부탁할 **탁** 言, 10획
孝	誠	罔	極
효도할 **효** 子, 7획	정성 **성** 言, 14획	없을 **망** 网, 8획	지극할 **극** 木, 13획

1 太陽失氣 해가 기운을 잃었다.

2 揮帳兩裂 여러 쪽의 피륙을 이어 빙 둘러치게 만든 포장이 양 갈래로 찢어지다.

3 死後付託 죽은 후에 어떤 일을 남에게 맡긴다.

4 孝誠罔極 마음을 다하여 어버이를 섬기는 정성이 그지없다.

出典 ❶ 누가복음 23 : 44~45 ❷ 누가복음 23 : 45 ❸ 요한복음 19 : 27 ❹ 에베소서 6 : 1

逐	鬼	完	遂
쫓을 **축** 辶, 11획	귀신 **귀** 鬼, 10획	완전할 **완** 宀, 7획	마칠 **수** 辶, 13획
石	窟	据	置
돌 **석** 石, 5획	구멍 **굴** 穴, 13획	기거할 **거** 手, 11획	둘 **치** 网, 3획
三	日	復	活
석 **삼** 一, 3획	날 **일** 日, 4획	다시 **부** 彳, 12획	살 **활** 水, 9획
宮	殿	豫	備
궁궐 **궁** 宀, 10획	대궐 **전** 殳, 13획	먼저 **예** 豕, 16획	갖출 **비** 人, 12획

1 逐鬼完遂 잡귀를 쫓아 버릴 목적을 완전히 달성하다.

2 石窟据置 바위에 뚫린 굴에 두었다.

3 三日復活 3일 만에 다시 살아났다.

4 宮殿豫備 임금이나 왕족들이 거처하는 궁이나 전각을 미리 준비하다.

出典 ❶ 마가복음 5 : 8 ❷ 마태복음 27 : 59~60 ❸ 마태복음 28 : 6 ❹ 요한복음 14 : 2~3

變	化	飛	翔
변할 **변** 言, 23획	될 **화** 匕, 4획	날 **비** 飛, 9획	날 **상** 羽, 12획
寶	座	右	便
보배 **보** 宀, 20획	자리 **좌** 广, 10획	오른쪽 **우** 口, 5획	편할 **편** 人, 9획
再	臨	迫	頭
두 **재** 冂, 6획	임할 **림** 臣, 17획	서들 **박** 辶, 9획	머리 **두** 頁, 16획
警	醒	祈	禱
경계할 **경** 言, 20획	깰 **성** 酉, 16획	기도할 **기** 示, 9획	빌 **도** 示, 19획

1 變化飛翔 사물의 형태와 모양, 바탕, 성질 같은 것이 변하여 달라져서 공중으로 날아다니다.

2 寶座右便 하나님이 앉아 있는 높고 귀한 자리의 오른쪽이다.

3 再臨迫頭 다시 이 세상에 나타나는 때가 가까이 다가온다.

4 警醒祈禱 깨어 종교적 대상에게 빌다.

出典 ❶ 사도행전 1 : 11 ❷ 히브리서 8 : 1 ❸ 요한계시록 3 : 11 ❹ 마태복음 26 : 41

詛	呪	繼	承
저주할 **저** 言, 12획	저주할 **주** 口, 8획	이을 **계** 糸, 20획	이을 **승** 手, 8획
哀	惜	歎	聲
슬플 **애** 口, 9획	아낄 **석** 心, 11획	탄식할 **탄** 欠, 15획	소리 **성** 耳, 17획
四	時	開	花
넉 **사** 口, 5획	때 **시** 日, 10획	열 **개** 門, 12획	꽃 **화** 艹, 8획
黃	金	燦	爛
누를 **황** 黃, 12획	쇠 **금** 金, 8획	찬란할 **찬** 火, 17획	찬란할 **란** 火, 21획

1 **詛呪繼承** 아주 불행한 일을 대대로 이어받는다.

2 **哀惜歎聲** 슬프고 아까워서 탄식하는 소리

3 **四時開花** 사철에 꽃이 피다.

4 **黃金燦爛** 누런 금의 빛이 눈부시게 현란하다.

出典 ❶ 출애굽기 20 : 5 ❷ 창세기 21 : 16 ❸ 요한계시록 22 : 2 ❹ 요한계시록 21 : 18

累	卵	感	知
얽힐 **루** 糸, 11획	알 **란** 卩, 7획	느낄 **감** 心, 13획	알 **지** 矢, 8획
伸	寃	勸	告
펼 **신** 人, 7획	원통할 **원** 宀, 11획	권할 **권** 力, 20획	알릴 **고** 口, 7획
救	濟	膾	炙
구원할 **구** 攴, 11획	구제할 **제** 水, 17획	회 **회** 肉, 17획	구울 **자** 火, 8획
容	恕	督	促
용납할 **용** 宀, 10획	용서할 **서** 心, 10획	감독할 **독** 目, 13획	재촉할 **촉** 人, 9획

1 累卵感知 쌓아 올린 계란처럼 위험함을 느끼어 알았다.

2 伸寃勸告 원통한 것을 풀어 버리도록 권하고 타이르다.

3 救濟膾炙 어려운 형편에 빠진 사람들을 도와주는 일이 널리 전해진다.

4 容恕督促 관대하게 처리하는 일을 서둘러 하도록 재촉하다.

出典 ❶ 누가복음 21 : 34 ❷ 신명기 10 : 18 ❸ 사도행전 10 : 2 ❹ 마태복음 6 : 14~15

恒	常	微	笑
항상 **항** 心, 9획	항상 **상** 巾, 11획	적을 **미** 彳, 13획	웃을 **소** 竹, 10획
長	壽	秘	訣
길 **장** 長, 8획	목숨 **수** 土, 14획	비밀할 **비** 禾, 10획	비결 **결** 言, 11획
好	適	親	友
좋을 **호** 女, 6획	좇을 **적** 辶, 15획	친할 **친** 見, 16획	벗 **우** 又, 4획
眷	屬	一	身
붙이 **권** 目, 11획	붙일 **속** 尸, 21획	한 **일** 一, 1획	몸 **신** 身, 7획

1 恒常微笑 언제나 늘 소리 내지 않고 가볍게 웃는다.

2 長壽秘訣 오래도록 살 수 있는 알려지지 않은 묘한 방법이다.

3 好適親友 매우 적합한 가까운 벗이다.

4 眷屬一身 한집에 딸린 식구는 한몸이다.

出典 ❶ 데살로니가전서 5 : 16 ❷ 에베소서 6 : 2~3 ❸ 사무엘상 18 : 3 ❹ 창세기 2 : 24

當	歲	始	末
곧 **당** 田, 13획	해 **세** 止, 13획	처음 **시** 女, 8획	끝 **말** 木, 5획
菜	蔬	播	種
나물 **채** 艹, 12획	푸성귀 **소** 艹, 15획	심을 **파** 手, 15획	씨 **종** 禾, 14획
松	竹	樹	林
솔 **송** 木, 8획	대 **죽** 竹, 6획	나무 **수** 木, 16획	수풀 **림** 木, 8획
國	益	壯	談
나라 **국** 口, 11획	더할 **익** 皿, 10획	클 **장** 士, 7획	말씀 **담** 言, 15획

1 當歲始末 그 해 처음과 나중이다.

2 菜蔬播種 여러 가지 푸성귀와 나물의 씨앗을 뿌려 심는다.

3 松竹樹林 소나무와 대나무가 빽빽이 들어선 숲이다.

4 國益壯談 국가의 이익을 자신 있게 말한다.

出典 ❶ 신명기 11 : 12 ❷ 창세기 1 : 29 ❸ 이사야 41 : 19 ❹ 아모스 5 : 24

燔	祭	犧	牲
구울 **번** 火, 16획	제사 **제** 示, 11획	희생할 **희** 牛, 20획	희생 **생** 牛, 9획
巖	磐	湧	泉
바위 **암** 山, 23획	너럭바위 **반** 石, 15획	물 넘칠 **용** 水, 12획	샘 **천** 水 9획
剛	愎	頑	固
굳셀 **강** 刀, 10획	괴팍할 **퍅** 心, 12획	완고할 **완** 頁 13획	굳을 **고** 口, 8획
伏	乞	應	答
엎드릴 **복** 人, 6획	구할 **걸** 乙 3획	응당 **응** 心, 17획	대답할 **답** 竹, 12획

1 燔祭犧牲 신에게 태워서 드리는 제사에 쓰일 짐승이다.

2 巖磐湧泉 큰 바위를 뚫고 솟아나오는 샘물이다.

3 剛愎頑固 성미가 까다롭고 고집이 세고 성질이 굳다.

4 伏乞應答 엎드려 빌어서 목적한 바를 대답받았다.

出典 ❶ 레위기 1 : 3 ❷ 출애굽기 17 : 6 ❸ 출애굽기 11 : 10 ❹ 열왕기상 18 : 42~46

晝	耕	夜	讀
낮 **주** 日, 11획	갈 **경** 耒, 10획	밤 **야** 夕, 8획	읽을 **독** 言, 22획
眞	理	探	究
참 **진** 目, 10획	다스릴 **리** 玉, 11획	찾을 **탐** 手, 11획	궁리할 **구** 穴, 7획
講	論	熱	辯
강론할 **강** 言, 17획	의논할 **론** 言, 15획	더울 **열** 心, 15획	말 잘할 **변** 辛, 21획
疲	困	夭	折
지칠 **피** 疒, 10획	괴로울 **곤** 口, 7획	요사할 **요** 大, 4획	일찍 죽을 **절** 手, 7획

1 書耕夜讀 낮에는 농사일을 하고, 밤에는 글을 읽는다.

2 眞理探究 참된 이치를 파고들어 깊이 연구하다.

3 講論熱辯 설교를 불을 뿜는 듯하게 웅변하다.

4 疲困夭折 마음이나 몸이 지치고 고달파 젊어서 죽다.

出典 ❶ 잠언 11 : 16 ❷ 요한복음 8 : 32 ❸ 사도행전 20 : 7 ❹ 사도행전 20 : 9

珍	饌	供	給
맛 좋을 **진** 玉, 9획	반찬 **찬** 食, 21획	이바지할 **공** 人, 8획	줄 **급** 糸, 12획
脈	搏	亨	通
핏줄 **맥** 肉, 10획	잡을 **박** 手, 13획	형통할 **형** 亠, 7획	통할 **통** 辶, 11획
商	賈	監	察
장수 **상** 口, 11획	장사 **고** 貝, 13획	볼 **감** 皿, 14획	살필 **찰** 宀, 14획
凱	歌	旗	幟
개선할 **개** 几, 12획	노래 **가** 欠, 14획	대장 **기** 方, 14획	깃대 **치** 巾, 15획

1 珍饌供給 가장 맛 좋은 음식을 제공하다.

2 脈搏亨通 동맥벽의 율동이 잘 되어간다.

3 商賈監察 장사치의 부정행위를 막기 위하여 감시하여 살핀다.

4 凱歌旗幟 승리한 감격에서 나온 함성과 군대에서 쓰는 갖가지 깃발

出典 ❶ 누가복음 16 : 19 ❷ 에스겔 37 : 3 ❸ 잠언 11 : 3 ❹ 시편 20 : 5

皇	后	詐	誕
황제 **황** 白, 9획	왕비 **후** 口, 6획	속일 **사** 言, 12획	속일 **탄** 言, 14획
拿	伯	慘	憺
잡을 **나** 手, 10획	맏 **백** 人, 7획	슬플 **참** 心, 14획	고요할 **담** 心, 16획
銀	龕	崇	慕
은 **은** 金, 14획	감실 **감** 龍, 22획	높을 **숭** 山, 11획	생각할 **모** 心, 15획
可	憎	勞	動
옳을 **가** 口, 5	미울 **증** 心, 15획	힘쓸 **로** 力, 12획	움직일 **동** 力, 11획

1 **皇后詐誕** 황제의 아내가 말과 행동이 간사하고 허황되다.

2 **拿伯慘憺** 나봇(나백)의 얼굴에 근심과 걱정이 가득해 보인다.

3 **銀龕崇慕** 은신상(銀龕室)을 숭배하면서 사모하다.

4 **可憎勞動** 얄밉게도 부지런히 일을 한다.

出典 ❶ 열왕기상 21 : 13 ❷ 열왕기상 21 : 2 ❸ 사도행전 19 : 24 ❹ 창세기 46 : 34

寡	婦	窮	乏
과부 **과** 宀, 14획	며느리 **부** 女, 11획	다할 **궁** 穴, 15획	옹색할 **핍** 丿, 5획
迎	接	歡	待
맞을 **영** 辶, 8획	대접할 **접** 手, 11획	기뻐할 **환** 欠, 22획	대접할 **대** 彳, 9획
筆	寫	管	掌
붓 **필** 竹, 12획	글씨 쓸 **사** 宀, 15획	주관할 **관** 竹, 14획	맡을 **장** 手, 12획
列	邦	公	布
베풀 **렬** 刀, 6획	나라 **방** 邑, 7획	널리 **공** 八, 4획	펼 **포** 巾, 5획

1 寡婦窮乏 남편을 여의고 혼자 사는 여자는 몹시 가난하고 어렵다.

2 迎接歡待 손님을 반갑게 맞아들이고 후하게 대접하다.

3 筆寫管掌 베껴 쓰고 맡아서 주관하다.

4 列邦公布 여러 나라 백성들에게 널리 알린다.

出典 ❶ 야고보서 1 : 27 ❷ 창세기 18 : 2 ❸ 요한계시록 1 : 3 ❹ 사도행전 1 : 8

耳	聽	鼻	嗅
귀 **이** 耳, 6획	들을 **청** 耳, 22획	코 **비** 鼻, 22획	맡을 **후** 口, 13획
胃	消	臟	吸
밥통 **위** 肉, 9획	삭힐 **소** 水, 10획	오장 **장** 肉, 22획	빨 **흡** 口, 7획
脂	肪	攝	取
기름 **지** 肉, 10획	비계 **방** 肉, 8획	잡을 **섭** 手, 21획	취할 **취** 又, 8획
玄	米	奬	勵
검을 **현** 玄, 5획	쌀 **미** 米, 6획	권면할 **장** 犬, 15획	힘쓸 **려** 力, 17획

1 **耳聽鼻嗅** 귀로 듣고 코로 냄새를 맡다.

2 **胃消臟吸** 밥통으로 삭히고 오장으로 빨아들인다.

3 **脂肪攝取** 생물체의 중요한 에너지 공급원(供給源)인 지방을 빨아들인다.

4 **玄米奬勵** 벼의 껍질만 벗긴 쌀을 힘써 권면한다.

出典 ❶ 시편 115 : 6 ❷ 신명기 14 : 6 ❸ 시편 119 : 70 ❹ 스가랴 9 : 17

酒	肉	脫	避
술 **주** 酉, 10획	고기 **육** 肉, 6획	벗을 **탈** 肉, 11획	피할 **피** 辶, 17획
色	慾	怨	讐
빛 **색** 色, 6획	욕심 **욕** 心, 15획	원수 **원** 心, 9획	원수 **수** 言, 23획
煩	惱	傷	魂
괴로워할 **번** 火, 13획	괴로워할 **뇌** 心, 12획	상할 **상** 人, 13획	혼 **혼** 鬼, 14획
百	害	損	財
일백 **백** 白, 6획	해할 **해** 宀, 10획	덜 **손** 手, 13획	재물 **재** 貝, 10획

1 酒肉脫避 술과 고기를 피해라.

2 色慾怨讐 남녀 간의 부정한 성욕은 해를 입혀 원한을 맺게 하는 대상이다.

3 煩惱傷魂 괴로워서 마음이 상하다.

4 百害損財 온갖 해로운 일과 재물을 잃어버린다.

出典 ❶ 잠언 23 : 20 ❷ 데살로니가전서 4 : 5 ❸ 욥기 19 : 2 ❹ 누가복음 15 : 13

和	睦	良	藥
화할 **화** 口, 8획	화목할 **목** 目, 13획	좋을 **량** 艮, 7획	약 **약** 艹, 19획
骨	髓	潤	澤
뼈 **골** 骨, 10획	뼈속기름 **수** 骨, 23획	윤택할 **윤** 水, 15획	윤택할 **택** 水, 16획
鹽	飯	多	飮
소금 **염** 鹵, 24획	밥 **반** 食, 13획	많을 **다** 夕, 6획	마실 **음** 食, 13획
優	秀	補	材
넉넉할 **우** 人, 17획	빼어날 **수** 禾, 7획	도울 **보** 衣, 12획	재료 **재** 木, 7획

1 和睦良藥 서로 뜻이 맞고 정다운 것은 효험이 좋은 약이다.

2 骨髓潤澤 뼈에 기름기가 돌아 곱게 번지르르하다.

3 鹽飯多飮 간소한 밥상과 물을 많이 마신다.

4 優秀補材 여럿 가운데 빼어나게 뛰어난 보약의 재료다.

出典 ❶ 잠언 17 : 1 ❷ 잠언 3 : 8 ❸ 열왕기상 19 : 6 ❹ 다니엘 1 : 15

誹	謗	陋	名
비방할 **비** 言, 15획	비방할 **방** 言, 17획	더러울 **루** 阜, 9획	이름 **명** 口, 6획
殘	酷	猛	獸
해할 **잔** 歹, 12획	혹독할 **혹** 酉, 14획	사나울 **맹** 犬, 11획	짐승 **수** 犬, 19획
猜	忌	爭	鬪
샘할 **시** 犬, 11획	꺼릴 **기** 心, 7획	다툴 **쟁** 爪, 8획	싸울 **투** 鬥, 20획
畢	竟	結	縛
마칠 **필** 田, 11획	마칠 **경** 立, 11획	맺을 **결** 糸, 12획	얽을 **박** 糸, 16획

1 誹謗陋名 남을 비웃고 헐뜯어서 좋지 않게 말함과 억울하게 뒤집어쓴 불명예이다.

2 殘酷猛獸 성질이나 태도가 아주 잔인하고 사나운 짐승이다.

3 猜忌爭鬪 샘을 내고 서로 다투어 싸우다.

4 畢竟結縛 결국에는 묶여진다.

出典 ❶ 신명기 22 : 14 ❷ 열왕기하 2 : 24 ❸ 로마서 13 : 13 ❹ 마태복음 22 : 13

細	菌	侵	犯
가늘 **세** 糸, 11획	곰팡이 **균** 艹, 12획	범할 **침** 人, 9획	범할 **범** 犬, 5획
呻	吟	瘦	瘠
끙끙거릴 **신** 口, 8획	신음할 **음** 口, 7획	여윌 **수** 疒, 15획	파리할 **척** 疒, 15획
娼	妓	猖	獗
창녀 **창** 女, 11획	기생 **기** 女, 7획	미쳐뛸 **창** 犬, 11획	날뛸 **궐** 犬, 15획
社	會	問	題
모일 **사** 示, 8획	모일 **회** 日, 13획	물을 **문** 口, 11획	제목 **제** 頁, 18획

1 細菌侵犯 박테리아가 침노하여 범하다.

2 呻吟瘦瘠 고통으로 허덕이며 고생하고 몸이 몹시 야위고 파리하다.

3 娼妓猖獗 노래와 춤과 몸을 파는 기생이 걷잡을 수 없이 설친다.

4 社會問題 사회 제도의 모순이나 결함에서 생기는 여러 가지 문제

出典 ❶ 마태복음 16 : 6 ❷ 시편 6 : 2 ❸ 누가복음 15 : 30 ❹ 이사야 1 : 21

巫	俗	團	束
무당 **무** 工, 7획	풍속 **속** 人, 9획	모일 **단** 口, 14획	묶을 **속** 木, 7획
總	員	職	任
모두 **총** 糸, 17획	사람 **원** 口, 10획	직분 **직** 耳, 18획	맡을 **임** 人, 6획
露	宿	幻	影
들어낼 **로** 雨, 20획	잘 **숙** 宀, 11획	허깨비 **환** 幺, 4획	그림자 **영** 彡, 15획
全	域	灌	漑
온전 **전** 入, 6획	지경 **역** 土, 11획	물댈 **관** 水, 21획	물댈 **개** 水, 14획

1 巫俗團束 무당들의 풍속을 법령으로 통제한다.

2 總員職任 전체의 인원에게 맡겨진 임무이다.

3 露宿幻影 한데서 잠을 자며 눈앞에 떠오르는 어떤 모습이나 형체

4 全域灌漑 전체 지역에 물 대기를 하다.

出典 ❶ 출애굽기 22 : 18 ❷ 역대하 31 : 2 ❸ 창세기 28 : 11~12 ❹ 창세기 9 : 20~21

幼	稚	輕	忽
어릴 유 幺, 5획	어릴 치 禾, 13획	가벼울 경 車, 14획	가벼울 홀 心, 8획
譴	責	赦	宥
꾸짖을 견 言, 21획	꾸짖을 책 貝, 11획	용서할 사 赤, 11획	용서할 유 宀, 9획
倉	庫	擄	掠
곳집 창 人, 10획	곳집 고 广, 10획	노략질할 로 手, 16획	노략질할 략 手, 11획
隱	密	下	瞰
숨을 은 阜, 17획	비밀 밀 宀, 11획	아래 하 一, 3획	굽어볼 감 目, 17획

1 幼稚輕忽 나이가 어린 아이를 신중하지 않고 소홀히 여긴다.

2 譴責赦宥 허물이나 잘못을 밝혀 꾸짖고 용서하여 준다.

3 倉庫擄掠 곳집과 재물을 약탈하다.

4 隱密下瞰 남몰래 높은 곳에서 아래를 본다.

出典 ❶ 마가복음 10 : 14 ❷ 다니엘 9 : 9 ❸ 여호수아 7 : 21 ❹ 마태복음 6 : 4

裁	判	錄	音
판결할 **재** 衣, 12획	판단할 **판** 刀, 7획	기록할 **록** 金, 16획	소리 **음** 音, 9획
塗	抹	是	非
바를 **도** 土, 13획	지울 **말** 手, 8획	옳을 **시** 日, 9획	아닐 **비** 非, 8획
瘧	疾	旱	災
학질 **학** 疒, 15획	병 **질** 疒, 10획	가물 **한** 日, 7획	재앙 **재** 火, 7획
遠	因	審	査
멀 **원** 辶, 14획	까닭 **인** 口, 6획	살필 **심** 宀, 15획	사실할 **사** 木, 9획

1 裁判錄音 옳고 그름을 판단하여 기계적으로 기록한다.

2 塗抹是非 본래의 모습을 지워버려서 옳고 그름에 대한 말다툼을 하다.

3 瘧疾旱災 말라리아와 가뭄로 인한 재앙을 말한다.

4 遠因審査 어떤 일의 원인(原因)을 먼 데서 자세히 찾아 조사한다.

出典 ❶ 잠언 24 : 23 ❷ 이사야 43 : 25 ❸ 신명기 28 : 22 ❹ 요한복음 9 : 2

經	書	條	項
경서 **경** 糸, 13획	글 **서** 日, 10획	가지 **조** 木, 11획	조목 **항** 頁, 12획
漢	文	飜	譯
한나라 **한** 水, 14획	글월 **문** 文, 4획	뒤칠 **번** 飛, 21획	번역할 **역** 言, 20획
健	康	診	療
굳셀 **건** 人, 11획	평안 **강** 广, 11획	볼 **진** 言, 12획	병고칠 **료** 疒, 17획
廉	價	費	用
값쌀 **렴** 广, 13획	값 **가** 人, 15획	없앨 **비** 貝, 12획	쓸 **용** 用, 5획

1 經書條項 하나님의 말씀을 기록한 책의 조목들이나 항목을 말한다.

2 漢文飜譯 중국 고유의 글을 다른 나라 말로 옮긴다.

3 健康診療 정신적, 육체적으로 튼튼한가를 진찰하고 치료하는 일이다.

4 廉價費用 어떤 일을 하는 데에 쓰이는 돈이 싼값이다.

出典 ❶ 출애굽기 20 : 3~17 ❷ 마태복음 1 : 23 ❸ 레위기 13 : 3 ❹ 로마서 3 : 23~24

賣	買	移	轉
팔 **매** 貝, 15획	살 **매** 貝, 12획	옮길 **이** 禾, 11획	움직일 **전** 車, 18획
納	稅	收	入
들일 **납** 糸, 10획	부세 **세** 禾, 12획	거둘 **수** 攴, 6획	들 **입** 入, 2획
投	機	得	勢
던질 **투** 手, 7획	기회 **기** 木, 16획	얻을 **득** 彳, 11획	형세 **세** 力, 13획
早	起	把	握
이를 **조** 日, 6획	일어날 **기** 走, 10획	잡을 **파** 手, 7획	쥘 **악** 手, 12획

1 賣買移轉 물건을 팔고 사서 장소 또는 주소를 다른 데로 옮기다.

2 納稅收入 국가에 조세를 납부하며 돈이나 물품을 거두어들인다.

3 投機得勢 기회를 엿보아 행동하여 형세가 좋아졌다.

4 早起把握 일찍이 일어나서 어떤 대상의 내용이나 본질을 확실하게 이해하여 안다.

出典 ❶ 창세기 34 : 10 ❷ 로마서 13 : 6 ❸ 출애굽기 22 : 25 ❹ 여호수아 3 : 1

軍	隊	睡	眠
군사 **군** 車, 9획	떼 **대** 阜, 12획	잘 **수** 目, 13획	잘 **면** 目, 10획
情	報	漏	洩
뜻 **정** 心, 11획	고할 **보** 土, 12획	샐 **루** 水, 14획	샐 **설** 水, 9획
紅	海	渡	江
붉을 **홍** 糸, 9획	바다 **해** 水, 10획	건널 **도** 水, 12획	강 **강** 水, 6획
必	爲	割	禮
반드시 **필** 心, 5획	할 **위** 爪, 12획	벨 **할** 刀, 12획	예절 **례** 示, 18획

1 軍隊睡眠 조직과 편성을 한 병정의 집단이 잠을 잔다.

2 情報漏洩 전쟁에 필요한 각가지의 첩보가 새어 나갔다.

3 紅海渡江 홍해를 건너다.

4 必爲割禮 남자의 생식기 끝을 조금 베는 의식을 반드시 하라.

出典 ❶ 사무엘상 26 : 12 ❷ 여호수아 2 : 2 ❸ 출애굽기 14 : 16 ❹ 여호수아 5 : 3

悔	改	遲	滯
뉘우칠 **회** 心, 10획	고칠 **개** 攴, 7획	더딜 **지** 辶, 16획	막힐 **체** 水, 14획
禍	厄	招	來
재화 **화** 示, 14획	재앙 **액** 厂, 4획	부를 **초** 手, 8획	올 **래** 人, 8획
戰	術	器	具
싸울 **전** 戈, 16획	꾀 **술** 行, 11획	그릇 **기** 口, 16획	갖출 **구** 八, 8획
喇	叭	登	場
나팔 **라** 口, 12획	나팔 **팔** 口, 5획	오를 **등** 癶, 12획	마당 **장** 土, 12획

1 悔改遲滯 잘못을 뉘우치고 행위를 바로잡는 일을 미룬다.

2 禍厄招來 재앙과 고난을 가져오게 한다.

3 戰術器具 전쟁할 때 쓰임 받은 간단한 도구이다.

4 喇叭登場 나팔이 어떤 임무를 수행하기 위하여 나타났다.

出典 ❶ 마가복음 1 : 15 ❷ 마태복음 27 : 5 ❸ 사사기 7 : 16 ❹ 여호수아 6 : 8

短	槍	占	領
짧을 **단** 矢, 12획	창 **창** 木, 14획	점령할 **점** 卜, 5획	거느릴 **령** 頁, 14획
單	番	屠	戮
홑 **단** 口, 12획	차례 **번** 田, 12획	죽일 **도** 尸, 12획	죽일 **륙** 戈, 15획
雨	雹	緣	故
비 **우** 雨, 8획	우박 **박** 雨, 13획	인할 **연** 糸, 15획	연고 **고** 攴, 9획
外	套	着	衣
바깥 **외** 夕, 5획	덮개 **투** 大, 10획	입을 **착** 羊, 11획	옷 **의** 衣, 6획

1 短槍占領 짧은 창으로 일정한 곳을 차지하여 침입을 허락하지 않는다.

2 單番屠戮 단 한 번에 옳고 그름을 따지지 않고 무참하게 마구 죽인다.

3 雨雹緣故 우박 때문이다.

4 外套着衣 추위나 눈비를 막기 위하여 옷 위에 덧입는 긴 겉옷을 입다.

出典 ❶ 여호수아 8 : 18~19 ❷ 여호수아 10 : 10 ❸ 여호수아 10 : 11 ❹ 여호수아 7 : 21

甲	胄	武	裝
갑옷 **갑** 田, 5획	투구 **주** 冂, 9획	호반 **무** 止, 8획	꾸밀 **장** 衣, 13획
擧	事	瓦	解
들 **거** 手, 18획	일 **사** 亅, 8획	실패 **와** 瓦, 5획	풀 **해** 角, 13획
兵	車	襲	擊
군사 **병** 八, 7획	수레 **거** 車, 7획	엄습할 **습** 衣, 22획	칠 **격** 手, 17획
陷	沒	危	殆
빠질 **함** 阜, 11획	잠길 **몰** 水, 7획	위태할 **위** 卩, 6획	위태할 **태** 歹, 9획

1 **甲胄武裝** 갑옷과 투구로 전쟁하기 위하여 필요한 장비를 갖추다.

2 **擧事瓦解** 큰일을 일으켰으나 무너졌다.

3 **兵車襲擊** 군사를 실은 수레가 갑자기 적을 덮쳐 공격하다.

4 **陷沒危殆** 물속이나 땅속에 빠질 아슬아슬한 처지다.

出典 ❶ 에베소서 6 : 13 ❷ 여호수아 7 : 12 ❸ 출애굽기 14 : 6~7 ❹ 출애굽기 14 : 11

鄕	里	傾	斜
시골 **향** 邑, 13획	마을 **리** 里, 7획	기울 **경** 人, 13획	비낄 **사** 斗, 11획
都	市	計	劃
도시 **도** 邑, 12획	저자 **시** 巾, 5획	계획할 **계** 言, 9획	그을 **획** 刀, 14획
貪	官	汚	吏
탐할 **탐** 貝, 11획	벼슬 **관** 宀, 8획	더러울 **오** 水, 6획	관리 **리** 口, 6획
同	床	異	夢
한가지 **동** 口, 6획	마루 **상** 广, 7획	다를 **이** 田, 11획	꿈 **몽** 夕, 14획

1 **鄕里傾斜** 나서 성장한 고향의 마을이 비스듬히 기울어졌다.

2 **都市計劃** 도시 생활에 필요한 주민의 복리와 공공의 안녕을 유지하기 위한 계획이다.

3 **貪官汚吏** 백성의 재물을 탐내어 빼앗는 못된 벼슬아치이다.

4 **同床異夢** 한자리에서 자면서 꿈을 다르게 꾼다.

出典 ❶ 느헤미야 2 : 17 ❷ 느헤미야 3 : 1 ❸ 마태복음 23 : 24 ❹ 창세기 40 : 5

支	派	引	導
나눌 **지** 支, 4획	물가닥 **파** 水, 9획	끌 **인** 弓, 4획	이끌 **도** 寸, 16획
征	伐	使	役
칠 **정** 彳, 8획	칠 **벌** 人, 6획	부릴 **사** 人, 8획	부릴 **역** 彳, 7획
毁	壇	努	力
헐 **훼** 殳, 13획	제터 **단** 土, 16획	힘쓸 **노** 力, 7획	힘 **력** 力, 2획
將	次	證	據
장차 **장** 寸, 11획	차례 **차** 欠, 6획	증명할 **증** 言, 19획	의지할 **거** 手, 16획

1 支派引導 종파에서 갈려나간 파를 안내하다.

2 征伐使役 무력으로 치는 일이다.

3 毁壇努力 단을 헐려고 힘을 다하다.

4 將次證據 앞으로 증명할 수 있는 근거다.

出典 ❶ 창세기 49 : 28 ❷ 여호수아 6 : 13 ❸ 사사기 6 : 28 ❹ 사사기 6 : 37

現	在	荒	廢
지금 **현** 玉, 11획	있을 **재** 土, 6획	거칠 **황** 艹, 10획	폐할 **폐** 广, 15획
悖	逆	相	關
어그러질 **패** 心, 10획	거스를 **역** 辶, 10획	서로 **상** 目, 9획	관계할 **관** 門, 19획
肥	鈍	勇	士
살찔 **비** 肉, 8획	둔할 **둔** 金, 12획	날랠 **용** 力, 9획	군사 **사** 士, 3획
腐	敗	負	袋
썩을 **부** 肉, 14획	상할 **패** 攴, 11획	질 **부** 貝, 9획	자루 **대** 衣, 11획

1 現在荒廢 지금 관리하지 않아서 거칠고 못쓰게 되다.

2 悖逆相關 도리에 어그러져 패악하고 불순하는 것과 서로 관계가 있다.

3 肥鈍勇士 지나치게 살이 쪄서 동작이 둔하고 느린 용병이다.

4 腐敗負袋 썩은 자루이다.

出典 ❶ 다니엘 9 : 2 ❷ 사사기 2 : 19 ❸ 사무엘상 17 : 4 ❹ 마태복음 9 : 17

塹	壕	防	禦
구덩이 **참** 土, 14획	해자 **호** 土, 17획	막을 **방** 阜, 7획	막을 **어** 示, 16획
勝	利	見	本
이길 **승** 力, 12획	이로울 **리** 刀, 7획	볼 **견** 見, 7획	근본 **본** 木, 5획
苦	難	急	速
고통 **고** 艹, 9획	어려울 **난** 隹, 19획	빠를 **급** 心, 9획	빠를 **속** 辶, 11획
風	前	燈	火
바람 **풍** 風, 9획	앞 **전** 刀, 9획	등 **등** 火, 16획	불 **화** 火, 4획

1 **塹壕防禦** 군사시설의 변두리에 파놓은 구덩이로 적의 공격을 막다.

2 **勝利見本** 겨루거나 싸워서 이기는 본보기다.

3 **苦難急速** 괴로움과 어려움이 몹시 빠르다.

4 **風前燈火** 바람 앞에 등불처럼 몹시 위급한 상태를 말한다.

出典 ❶ 욥기 13 : 12 ❷ 출애굽기 17 : 11~12 ❸ 예레미야 48 : 16 ❹ 출애굽기 14 : 10

溫	冷	沐	浴
따뜻할 **온** 水, 13획	찰 **랭** 冫, 7획	머리감을 **목** 水, 7획	목욕할 **욕** 水, 10획
皮	膚	洗	滌
가죽 **피** 皮, 5획	살갗 **부** 肉, 15획	씻을 **세** 水, 9획	닦을 **척** 水, 14획
毛	髮	美	貌
터럭 **모** 毛, 4획	터럭 **발** 髟, 15획	아름다울 **미** 羊, 9획	모양 **모** 豸, 14획
英	雄	憑	藉
영웅 **영** 艹, 9획	뛰어날 **웅** 隹, 12획	의지할 **빙** 心, 16획	빙자할 **자** 艹, 18획

1 **溫冷沐浴** 따뜻한 물과 찬물에 머리를 감고 몸을 씻는다.

2 **皮膚洗滌** 살가죽을 깨끗이 씻는다.

3 **毛髮美貌** 머리털과 예쁘게 생긴 얼굴이다.

4 **英雄憑藉** 무용이나 담력이 뛰어난 사람의 세력을 빌려 의지하다.

出典 ❶ 사무엘하 11 : 2 ❷ 예레미야 13 : 23 ❸ 사무엘하 14 : 25~26 ❹ 사무엘하 15 : 5~6

履	歷	回	顧
밟을 **리** 尸, 15획	지낼 **력** 止, 16획	돌 **회** 口, 6획	돌아볼 **고** 頁, 21획
驕	慢	蔓	延
교만할 **교** 馬, 22획	거만할 **만** 心, 14획	덩굴 **만** 艹, 15획	뻗힐 **연** 廴, 7획
乘	船	潛	航
탈 **승** 丿, 10획	배 **선** 舟, 11획	잠길 **잠** 水, 15획	배 **항** 舟, 10획
某	魚	嘔	吐
아무 **모** 木, 9획	고기 **어** 魚, 11획	토할 **구** 口, 14획	토할 **토** 口, 6획

1 **履歷回顧** 지금에 이르기까지의 학업이나 직업 등의 내력을 돌아보다.

2 **驕慢蔓延** 건방지고 방자함이 식물의 줄기가 널리 뻗음 같다.

3 **乘船潛航** 배를 타고 몰래 바다를 건너가다.

4 **某魚嘔吐** 어떤 물고기가 먹은 것을 토하였다.

出典 ❶ 출애굽기 3 : 5 ❷ 잠언 16 : 18 ❸ 요나 1 : 5 ❹ 요나 2 : 10

望	臺	觀	測
바랄 **망** 月, 11획	돈대 **대** 至, 14획	볼 **관** 見, 25획	헤아릴 **측** 水, 12획
匪	類	懲	戒
악할 **비** 匚, 10획	종류 **류** 頁, 19획	징계할 **징** 心, 19획	경계할 **계** 戈, 7획
朝	服	舞	蹈
조정 **조** 月, 12획	옷 **복** 月, 8획	춤출 **무** 舛, 14획	밟을 **도** 足, 17획
遊	街	彷	彿
놀 **유** 辶, 13획	거리 **가** 行, 12획	비슷할 **방** 彳, 7획	비슷할 **불** 彳, 8획

1 **望臺觀測** 동정(動靜)을 살피기 위하여 세운 높은 대에서 관찰하고 측정한다.

2 **匪類懲戒** 악한 종류의 사람들에게 회개(悔改)하도록 나무라며 경계한다.

3 **朝服舞蹈** 관원이 조하(朝賀) 때에 입던 예복을 입고 춤추다.

4 **遊街彷彿** 과거(科擧)의 급제자가 거리를 돌며 인사하던 것과 비슷하다.

出典 ❶ 열왕기하 9 : 17 ❷ 열왕기상 21 : 10 ❸ 역대상 15 : 29 ❹ 사무엘상 18 : 6

每	月	減	量
매양 **매** 母, 7획	달 **월** 月, 4획	덜 **감** 水, 12획	헤아릴 **량** 里, 12획
爵	位	維	持
벼슬 **작** 爪, 18획	자리 **위** 人, 7획	벼리 **유** 糸, 14획	가질 **지** 手, 9획
敎	訓	詳	考
가르칠 **교** 攴, 11획	가르칠 **훈** 言, 10획	자세할 **상** 言, 13획	상고할 **고** 老, 6획
智	慧	治	世
지혜 **지** 日, 12획	총명할 **혜** 心, 15획	다스릴 **치** 水, 8획	인간 **세** 一, 5획

1 每月減量 달마다 분량이나 무게가 줄다.

2 爵位維持 벼슬의 지위를 지탱하다.

3 敎訓詳考 가르침을 자세히 하다.

4 智慧治世 슬기로 세상을 잘 다스리다.

出典 ❶ 에스겔 16 : 27 ❷ 역대하 33 : 13 ❸ 사도행전 17 : 11 ❹ 잠언 10 : 1

凶	年	波	紋
흉할 **흉** 凵, 4획	해 **년** 干, 6획	물결 **파** 水, 8획	무늬 **문** 糸, 10획
庶	層	喧	譁
여러 **서** 广, 11획	층 **층** 尸, 15획	지껄일 **훤** 口, 12획	시끄러울 **화** 言, 19획
抑	壓	統	轄
누를 **억** 手, 7획	누를 **압** 土, 17획	거느릴 **통** 糸, 12획	맡아볼 **할** 車, 17획
背	叛	念	慮
등 **배** 肉, 9획	배반할 **반** 又, 9획	생각할 **염** 心, 8획	생각할 **려** 心, 15획

1 凶年波紋 흉작이 된 해에 물의를 일으키는 영향을 말한다.

2 庶層喧譁 서민들이 시끄럽게 떠들어대다.

3 抑壓統轄 힘으로 눌러 모두 거느려서 관할하다.

4 背叛念慮 남의 믿음과 의리를 저버리고 돌아설까 걱정한다.

出典 ❶ 창세기 41 : 30 ❷ 마가복음 5 : 38 ❸ 열왕기상 12 : 14 ❹ 열왕기상 12 : 16

琵	琶	旋	律
비파 **비** 玉, 12획	비파 **파** 玉, 12획	돌 **선** 方, 11획	풍류 **율** 彳, 9획
肝	膽	刺	戟
간 **간** 肉, 7획	쓸개 **담** 肉, 17획	찌를 **자** 刀, 8획	창 **극** 戈, 12획
惹	鬧	癡	呆
어지러울 **야** 心, 13획	시끄러울 **료** 鬥, 15획	어리석을 **치** 疒, 19획	어리석을 **매** 口, 7획
墓	室	寓	居
무덤 **묘** 土, 14획	집 **실** 宀, 9획	부칠 **우** 宀, 12획	살 **거** 尸, 8획

1 琵琶旋律 발현악기(撥弦樂器)인 비파의 멜로디를 말한다.

2 肝膽刺戟 간과 쓸개가 외적 조건의 변화로 영향을 받는다.

3 惹鬧癡呆 마구 떠들어대는 짓과 말과 정신이 온전하지 못하다.

4 墓室寓居 무덤 안에서 거주하다.

出典 ❶ 사무엘하 6 : 5 ❷ 여호수아 2 : 24 ❸ 사무엘상 18 : 10 ❹ 열왕기하 22 : 20

賢	淑	妖	艶
어질 **현** 貝, 15획	맑을 **숙** 水, 11획	고울 **요** 女, 7획	고울 **염** 色, 19획
榮	譽	加	算
영화 **영** 木, 14획	기릴 **예** 言, 21획	더할 **가** 力, 5획	셀 **산** 竹, 14획
首	席	宣	揚
머리 **수** 首, 9획	자리 **석** 巾, 10획	베풀 **선** 宀, 9획	오를 **양** 手, 12획
灰	壁	要	塞
재 **회** 火, 6획	벽 **벽** 土, 16획	중요할 **요** 襾, 9획	성채 **새** 土, 13획

1 **賢淑妖艶** 여성으로서 어질고 얌전하며, 얼굴이 매우 아름답다.

2 **榮譽加算** 영광스런 명예가 보태지다.

3 **首席宣揚** 으뜸 자리를 드날리다.

4 **灰壁要塞** 석회를 바른 벽이 전략상 중요한 지점이다.

出典 ❶ 잠언 31 : 10 ❷ 잠언 29 : 23 ❸ 마태복음 23 : 12 ❹ 에스겔 13 : 14

鬚	髥	唾	液
수염 **수** 髟, 22획	구렛나루 **염** 髟, 14획	침 **타** 口, 11획	진 **액** 水, 11획
蔑	視	添	病
없을 **멸** 艹, 15획	볼 **시** 見, 12획	더할 **첨** 水, 11획	병들 **병** 疒, 10획
侍	衛	勤	務
모실 **시** 人, 8획	지킬 **위** 行, 16획	부지런할 **근** 力, 13획	힘쓸 **무** 力, 11획
幽	僻	搜	索
깊을 **유** 幺, 9획	후미질 **벽** 人, 15획	찾을 **수** 手, 13획	찾을 **색** 糸, 10획

1 鬚髥唾液 성숙한 남자의 입가, 턱, 뺨에 나는 털과 침이다.

2 蔑視添病 남을 업신여겨 보잘것없이 생각하며 병까지 보탠다.

3 侍衛勤務 임금을 호위하는 일을 힘써서 보다.

4 幽僻搜索 한적하고 구석진 곳까지 더듬어서 찾다.

出典 ❶ 사무엘상 21 : 13 ❷ 이사야 53 : 3 ❸ 빌립보서 1 : 13 ❹ 사무엘상 26 : 20

簡	略	幣	帛
간략할 **간** 竹, 18획	간략할 **략** 田, 11획	비단 **폐** 巾, 15획	비단 **백** 巾, 8획
謀	議	欺	瞞
꾀할 **모** 言, 16획	의논할 **의** 言, 20획	속일 **기** 欠, 12획	속일 **만** 目, 16획
懶	怠	莫	甚
게으를 **라** 心, 19획	게으를 **태** 心, 9획	없을 **막** 艹, 11획	심할 **심** 甘, 9획
蕩	竭	兆	朕
쓸어버릴 **탕** 艹, 16획	다할 **갈** 立, 14획	조짐 **조** 儿, 6획	조짐 **짐** 月, 10획

1 簡略幣帛 신랑이 혼인 전에 신부 집에 보내는 간단한 채단(采緞)이다.

2 謀議欺瞞 어떤 일을 꾀하고 의논하여 감쪽같이 속이다.

3 懶怠莫甚 게으름이 매우 심하다.

4 蕩竭兆朕 재물을 남김없이 다 써버릴 기미가 보인다.

出典 ❶ 사무엘상 18 : 25 ❷ 베드로전서 2 : 1~2 ❸ 잠언 10 : 4 ❹ 누가복음 15 : 13

詭	譎	暴	虐
속일 **궤** 言, 13획	속일 **휼** 言, 19획	사나울 **포** 日, 15획	사나울 **학** 虍, 9획
沙	立	樓	閣
모래 **사** 水, 7획	설 **립** 立, 5획	다락 **루** 木, 15획	다락집 **각** 門, 14획
	아	멘	
할	렐	루	야

1 **詭譎暴虐** 교활한 속임과 잔악함이다.

2 **沙立樓閣** 모래 위에 높이 지은 다락집이다.

3 **아멘** '참으로', '진실로'의 뜻

4 **할렐루야** 하나님을 찬미하다.

出典 ❶ 마태복음 2 : 16 ❷ 마태복음 7 : 26~27 ❸ 마태복음 6 : 13 ❹ 시편 150 : 6

부록

성경 어휘 연구

同音異義語(改譯改訂版) 單語

1. 가장

① **家長(암 4 : 1)** 집 가, 어른 장 집안의 어른

② **假裝(고후 11 : 13)** 거짓 가, 꾸밀 장 자기 정체를 감추려고 일부러 거짓으로 꾸밈

2. 간사

① **奸詐(요 1 : 47)** 범할 간, 속일 사 간교하고 남을 속이는 재주가 있음

② **奸邪(사 32 : 6)** 범할 간, 간사할 사 성질이 간교하고 마음이 요사스러움

3. 강건

① **康健(수 14 : 11)** 평안할 강, 튼튼할 건 윗사람의 기력이 무탈하고 튼튼함

② **强健(슥 9 : 17)** 굳셀 강, 튼튼할 건 몸이나 기력 같은 것이 튼튼하고 건전함

4. 거부

① **拒否(신 20 : 12)** 막을 거, 아닐 부 승낙이나 동의하지 아니하고 물리침

② **巨富(창 26 : 13)** 클 거, 가멸 부 아주 큰 부자

5. 격분

① **激忿(행 17 : 6)** 물결 부딪쳐 흐를 격, 성낼 분 대단히 성냄

② **激憤(신 29 : 23)** 물결 부딪쳐 흐를 격, 흥분할 분 몹시 분함을 느껴 성이 벌컥 치받침

6. 경계

① **境界(행 17 : 26)** 지경 경, 지경 계 일이나 물건이 어떤 표준에 의하여 서로 분간되는 자리

② **警戒(막 5 : 43)** 경계할 경, 경계할 계 불의의 사고나 나쁜 짓을 하지 않도록 타일러서 주의시킴

7. 계수

① **計數(출 30 : 12)** 꾀 계, 셀 수 수를 계산함

② **桂樹(아 4 : 14)** 계수나무 계, 나무 수 계수나무

8. 고대

① **古代(창 6 : 4)** 옛 고, 시대 대　지나간 옛 시대

② **苦待(롬 8 : 19)** 쓸 고, 기다릴 대　애타게 기다림

9. 고용

① **雇傭(레 25 : 50)** 품살 고, 품팔이 용　삯을 받고 남의 일에 종사함

② **雇用(삿 18 : 4)** 품살 고, 쓸 용　품삯을 주고 사람을 부림

10. 공중

① **空中(행 10 : 12)** 빌 공, 가운데 중　지구 위의 공간

② **公衆(행 16 : 37)** 공변될 공, 무리 중　사회의 여러 사람

11. 공포

① **公布(출 32 : 5)** 공변될 공, 펼 포　일반에게 널리 알림

② **恐怖(삼상 14 : 15)** 두려울 공, 두려워할 포　무서움과 두려움

12. 과실

① **果實(잠 27 : 18)** 실과 과, 열매 실　열매

② **過失(출 34 : 7)** 지낼 과, 잃을 실　잘못

13. 관리

① **官吏(마 9 : 18)** 벼슬 관, 아전 리　벼슬아치

② **管理(창 47 : 6)** 피리 관, 다스릴 리　사업을 관할하며 처리함

14. 구조

① **救助(행 27 : 44)** 건질 구, 도울 조　구원하고 도와줌

② **構造(겔 43 : 11)** 얽을 구, 지을 조　여러 가지 재료로 꾸미어 만듦

15. 굴복

① **屈服(롬 8 : 7)** 굽을 굴, 옷 복　굽히어 순종함. 힘이 모자라서 복종함

② **屈伏(삿 3 : 30)** 굽을 굴, 엎드릴 복　머리 숙이고 꿇어 엎드림

16. 기명

① **記名(민 11 : 26)** 기록할 기, 이름 명　이름을 적음

② **器皿(왕하 14 : 14)** 그릇 기. 그릇 명 살림살이에 쓰이는 온갖 그릇붙이

17. 대상

① **對象(렘 48 : 39)** 대답할 대. 모양 상 활동이나 행동의 목표가 되는 것

② **隊商(욥 6 : 18)** 무리 대. 장사 상 사막이나 초원 등지와 같은 교통이 발달하지 않은 지방에서 코끼리나 낙타, 말을 이용하여 대오를 짜 상품을 나르는 교역 단체

18. 대신

① **大臣(막 6 : 21)** 큰 대. 신하 신 의정의 총칭. 군주 국가에서의 장관을 일컬음

② **代身(눅 11 : 11)** 대신할 대. 몸 신 남을 대리함

19. 동서

① **同壻(룻 1 : 15)** 한 가지 동. 사위 서 두 사람 이상의 남자 사이에 있어서, 그 사람들의 아내들이 서로 자매간으로서 하여 맺어지는 관계를 일컬음

② **東西(대상 12 : 15)** 동녘 동. 서녘 서 동쪽과 서쪽

20. 만세

① **萬世(눅 1 : 48)** 일만 만. 대 세 영원한 세월

② **萬歲(삼하 16 : 16)** 일만 만. 해 세 만년

21. 무사

① **武士(렘 50 : 42)** 군인 무. 선비 사 무도를 닦아서 무사(武事)에 종사하는 사람

② **無私(행 23 : 24)** 없을 무. 사사 사 사사로움이 없이 공정함

22. 무시

① **無視(눅 18 : 2)** 없을 무. 볼 시 알아주지 않거나 업신여김

② **無時(겔 26 : 16)** 없을 무. 때 시 일정한 때가 없음

23. 반포

① **頒布(행 10 : 37)** 나눌 반. 펼 포 두루 알리기 위하여 세상에 널리 퍼뜨림

② **斑布(출 28 : 4)** 얼룩 반. 베 포 반물빛의 실과 흰 실을 섞어 짠, 폭이 좁은 무명

24. 변경

① **變更(창 31 : 7)** 변할 변. 고칠 경　처음의 약속을 고침

② **邊境(민 20 : 23)** 가 변. 지경 경　나라의 국경이 되는 변두리의 땅

25. 보고

① **報告(행 16 : 38)** 알릴 보. 알릴 고　일정한 일에 관하여 연구하거나 조사한 사항을 상부나 일반에게 알리어 진술하는 일

② **寶庫(신 28 : 12)** 보배 보. 곳집 고　금, 은, 주옥 등 극히 희귀하고 가치 있는 물건을 보관한 창고

26. 보수

① **報酬(롬 4 : 4)** 갚을 보. 갚을 수　고맙게 해준 데 대한 갚음

② **報讎(시 149 : 7)** 갚을 보. 원수 수　앙갚음

③ **補修(대하 24 : 4)** 기울 보. 고칠 수　낡은 것을 보충하여 수리함

27. 보조

① **步調(고후 12 : 18)** 걸음 보. 고를 조　여러 사람의 걸음걸이의 속도나 모양

② **補助(느 7 : 70)** 기울 보. 도울 조　모자라는 것을 보태어 도와줌

28. 본성

① **本性(롬 2 : 14)** 근본 본. 성품 성　본디부터 가진 성질

② **本城(대하 31 : 1)** 근본 본. 성 성　본디의 성

29. 부대

① **負袋(마 9 : 17)** 질 부. 자루 대　피륙과 가죽이나 종이 같은 것으로 만든 자루

② **部隊(행 10 : 1)** 거느릴 부. 대 대　군을 이루는 일부의 군대

30. 부자

① **父子(렘 13 : 14)** 아비 부. 아들 자　아버지와 아들

② **富者(마 19 : 23)** 가멸 부. 놈 자　살림이 넉넉하고 재산이 많은 사람

31. 부정

① **不正(행 18 : 14)** 아니 부. 바를 정　바르지 않음

② **不淨(막 7 : 2)** 아니 부. 깨끗할 정　정갈스럽지 못함

32. 불의

① **不義(눅 16 : 9)** 아니 불. 옳을 의 의리, 도의, 정의에 어긋남

② **不意(시 18 : 3)** 아니 불. 뜻 의 생각지 않았던 판

33. 사기

① **詐欺(롬 1 : 29)** 속일 사. 속일 기 못된 꾀로 남을 속임

② **士氣(삼하 23 : 11)** 선비 사. 기운 기 몸과 마음이 충만하고 생기발랄하며 굽히지 않는 씩씩한 기세

③ **史記(대하 33 : 19)** 역사 사. 기록할 기 역사의 사실을 기록한 책

34. 사모

① **思慕(고전 12 : 31)** 생각할 사. 그리워할 모 남을 우러러 받들고 마음으로 따름

② **紗帽(사 61 : 10)** 깁 사. 모자 모 관복을 입을 때 쓰던 깁으로 짠 벼슬아치의 모자

35. 사사

① **士師(삿 2 : 16)** 선비 사. 스승 사 구약시대에 대권을 쥐고 이스라엘을 다스리던 지배자

② **私私(벧후 1 : 20)** 개인 사 공적이 아니고 개인적인 범위나 관계의 성질

36. 사신

① **使臣(눅 14 : 32)** 부릴 사. 신하 신 국가나 임금의 명령을 받고 외국에 사절로 가는 신하

② **邪神(삼상 15 : 23)** 간사할 사. 귀신 신 재앙을 내린다고 하는 요사스런 귀신

37. 사욕

① **私慾(롬 6 : 12)** 사사 사. 욕심 욕 사사로운 욕심

② **邪慾(골 3 : 5)** 간사할 사. 욕심 욕 간사스럽고 바르지 못한 욕망

38. 사유

① **私有(대상 29:3)** 사사 사. 있을 유 사사로이 소유함

② **赦宥(대하 6 : 30)** 용서할 사. 용서할 유 죄를 용서하여 줌

③ **事由(행 23 : 29)** 일 사. 말미암을 유 일의 까닭

39. 사자

① **使者(마 4 : 6)** 하여금 사. 놈 자 어떤 사명을 맡아서 심부름하는 사람

② **獅子(벧전 5 : 8)** 사자 사. 어조사 자 맹수의 하나로 고양잇과에 속한 포유동물

40. 사정

① **事情(엡 6 : 22)** 일 사. 뜻 정　일의 형편이나 까닭

② **私情(욥 16 : 13)** 사사 사. 뜻 정　사사로운 정

41. 상고

① **詳考(행 17 : 11)** 자세할 상. 상고할 고　상세히 참고하거나 검토함

② **上古(미 5 : 2)** 위 상. 옛 고　아주 오랜 옛날

42. 상관

① **上官(행 16 : 20)** 위 상. 벼슬 관　윗자리의 관원

② **相關(마 8 : 29)** 서로 상. 빗장 관　서로 관계 맺음

43. 상소

① **上訴(행 25 : 25)** 위 상. 하소연할 소　소송법상 판결에 대한 불복이 있을 때 재판의 확정 전에 재심사를 상급 법원에 요구하는 일

② **上疏(행 25 : 26)** 위 상. 트일 소　임금에게 글을 올림

44. 서원

① **書院(행 19 : 9)** 글 서. 집 원　학문을 강론하고 서적을 출판하며 보존하던 집

② **誓願(창 28 : 20)** 맹세할 서. 원할 원　하나님께 은혜를 빌고 그 보답으로 어떤 행위나 헌물을 바칠 것을 맹세하던 일

45. 성루

① **城樓(느 3 : 31)** 성 성. 다락 루　성곽의 군데군데 있는 망루

② **城壘(합 2 : 10)** 성 성. 성채 루　성 밖 둘레의 흙담

46. 성품

① **性品(벧후 1 : 4)** 성품 성. 물건 품　성질과 품격. 성질과 됨됨이

② **性稟(수 22 : 5)** 성품 성. 줄 품　사람의 마음을 이루고 있는 성질과 심정

47. 소생

① **所生(행 17 : 28)** 바 소. 날 생　자기가 낳은 아들과 딸

② **蘇生(사 57 : 15)** 소생할 소. 날 생　다시 살아남

48. 수령

① **首領(신 33 : 21)** 머리 수. 옷깃 영 　한 당파나 무리의 우두머리

② **守令(단 3 : 2)** 지킬 수. 우두머리 영 　각 고을을 통치하던 관리의 총칭

49. 수리

① **修理(마 12 : 44)** 닦을 수. 다스릴 리 　낡아서 고장 난 데나 허름한 데를 손보아 완전하게 고침

② **受理(사 1 : 23)** 받을 수. 다스릴 리 　문서를 받아서 처리함

50. 수중

① **水中(레 11 : 12)** 물 수. 가운데 중 　물속

② **手中(시 127 : 4)** 손 수. 가운데 중 　손아귀

51. 수행

① **遂行(민 3 : 38)** 이룰 수. 갈 행 　생각한 바를 행하여 냄. 계획대로 해냄

② **隨行(왕상 10 : 2)** 따를 수. 갈 행 　일정한 임무를 띠고 따라감. 따라서 실행함

52. 시기

① **猜忌(롬 11 : 14)** 샘할 시. 꺼릴 기 　샘

② **時期(롬 13 : 11)** 때 시. 기약할 기 　어떤 일이나 현상이 진행되는 때

53. 시인

① **是認(마 10 : 32)** 옳을 시. 알 인 　어떤 내용이나 사실 등을 그러하다고 인정함

② **詩人(행 17 : 28)** 시 시. 사람 인 　시를 전문으로 짓는 사람

54. 시장

① **市場(눅 20 : 46)** 저자 시. 마당 장 　각종 상품의 거래를 위하여 시설한 장소

② **市長(대하 18 : 25)** 저자 시. 길 장 　시의 장

55. 시종

① **侍從(왕상 1 : 2)** 모실 시. 좇을 종 　왕을 모셔 호종하는 신

② **始終(전 3 : 11)** 처음 시. 끝날 종 　처음과 끝

56. 신고

① **申告(요 11 : 57)** 말할 신. 알릴 고 　보고함

② **辛苦(신 26 : 7)** 매울 신. 쓸 고 어려운 일을 당하여 몹시 애씀

57. 심장

① **心腸(빌 1 : 8)** 마음 심. 창자 장 마음의 속내

② **心臟(렘 17 : 10)** 마음 심. 오장 장 내장의 하나로 혈액 순환의 원동력이 되는 기관

58. 안장

① **鞍裝(창 31 : 34)** 안장 안. 꾸밀 장 말이나 나귀 등의 등에 얹어서, 사람이 편하게 타기 위하여 만든 비단이나 가죽으로 된 제구

② **安葬(전 6 : 3)** 편안할 안. 장사 지낼 장 편안하게 장사 지냄

59. 양식

① **糧食(요 4 : 34)** 양식 양. 밥 식 살림살이에 드는 식량

② **樣式(출 25 : 40)** 모양 양. 법 식 일반적으로, 장기간에 걸쳐 자연히 정해진 법규

60. 어전

① **御前(에 1 : 10)** 어거할 어. 앞 전 임금의 앞

② **御殿(에 5 : 1)** 어거할 어. 궁궐 전 임금이 있는 곳

61. 역사

① **役事(살전 1 : 3)** 부릴 역. 일 사 토목, 건축 따위의 공사

② **歷史(대상 29 : 30)** 지낼 역. 역사 사 일반적으로 과거에 일어난 일 또는 그 기록

62. 연기

① **煙氣(계 9 : 17)** 연기 연. 기운 기 무엇이 탈 때에 생기는 흐릿한 기체

② **延期(행 24 : 22)** 끌 연. 기약할 기 정한 기한을 물려서 늘림

63. 왕성

① **旺盛(행 6 : 7)** 성할 왕. 채울 성 한창 성함

② **王城(삼하 12 : 26)** 임금 왕. 성 성 왕도

64. 유리

① **流離(히 11 : 37)** 흐를 류. 떼놓을 리 정처 없이 떠돌아다님

② **琉璃(계 4 : 6)** 유리 류. 유리 리 투명하고 단단하여 잘 깨지는 물질

65. 유지

① **有志(욥 22 : 9)** 있을 유. 뜻 지 어떤 일에 참가하거나 그것을 성취하려는 데 뜻이 있거나 관심이 있음

② **維持(겔 7 : 13)** 바 유. 가질 지 어떤 상태를 그대로 지탱하여 감

66. 음부

① **陰府(마 16 : 18)** 응달 음. 곳집 부 죽은 사람이 가는 장소. 저승

② **淫婦(레 20 : 10)** 음란할 음. 며느리 부. 몸가짐이 바르지 않는 여자. 음녀

67. 의사

① **醫師(마 9 : 12)** 의원 의. 스승 사 의료 및 보건 지도를 담당하고 있는 사람

② **意思(잠 18 : 2)** 뜻 의. 생각할 사 무엇을 하고 싶어 하여, 마음먹은 바의 뜻

68. 의원

① **醫員(욥 13 : 4)** 의원 의. 사람 원 의사와 의생(醫生)을 아울러 일컬음

② **議員(눅 23 : 50)** 의논할 의. 사람 원 국회나 지방 의회와 같은 합의체를 구성하고 의결의 수에 참가하는 권리를 가진 사람

69. 이상

① **異常(마 21 : 15)** 다를 이. 항상 상 정상적인 상태와 다름

② **異像/象(창 46 : 2)** 다를 이. 모양 상 이상한 모양. 특수한 현상

③ **以上(막 14 : 5)** 써 이. 위 상 숫자의 정도로 보아 어떤 표준보다 많거나 나은 것

70. 이전

① **以前(고후 5 : 17)** 써 이. 앞 전 일정한 때로부터 전

② **移轉(렘 6 : 12)** 옮길 이. 구를 전. 장소, 주소 따위를 다른 데로 옮김

71. 인도

① **印度(에 1 : 1)** 도장 인. 법도 도 나라 이름

② **引導(히 13 : 17)** 끌 인. 이끌 도 가르쳐 이끎

72. 인자

① **人子(막 10 : 45)** 사람 인. 아들 자 사람의 아들. 예수 그리스도

② **仁慈(출 34 : 7)** 어질 인. 사랑 자 마음이 어질고 자애스러움

73. 일체

① **一切(빌 4 : 12)** 한 일. 온통 체 온갖 것

② **一體(레 17 : 4)** 한 일. 몸 체 동일한 몸

74. 자고

① **自高(사 2 : 12)** 스스로 자. 높을 고 스스로 잘난 체함

② **鷓鴣(렘 17 : 11)** 자고 자. 자고 고 꿩과에 속하는 새

75. 자세

① **仔細(마 2 : 17)** 자세할 자. 가늘 세 아주 작은 일이나 사소한 부분까지도 구체적으로 분명함

② **藉勢(벧전 5 : 3)** 깔개 자. 기세 세 자기의 세력이나 또는 남의 세력을 빙자하여 의지함

76. 장대

① **長大(민 13 : 32)** 긴 장. 큰 대 길고 큼

② **壯大(신 1 : 28)** 씩씩할 장. 큰 대 씩씩하고 큼

77. 장부

① **丈夫(사 46 : 8)** 어른 장. 지아비 부 다 자란 씩씩한 남자

② **臟腑(출 29 : 17)** 오장 장. 장부 부 오장 육부

78. 장사

① **葬事(마 8 : 21)** 장사지낼 장. 일 사 시체를 묻거나 화장하는 일

② **壯士(시 127 : 4)** 씩씩할 장. 선비 사 기개와 체질이 굳센 사람

79. 장수

① **長壽(엡 6 : 3)** 긴 장. 목숨 수 오래도록 삶

② **將帥(에 1 : 3)** 장차 장. 장수 수 군사를 거느리고 지휘하는 우두머리

80. 장인

① **丈人(출 3 : 1)** 어른 장. 사람 인 아내의 친아버지, 빙부(聘父), 악부(岳父), 외구(外舅)

② **匠人(사 40 : 20)** 장인 장. 사람 인 손으로 여러 가지 물건을 만드는 일을 업으로 삼는 사람
장색(匠色)

81. 전갈

① **全蠍(눅 11 : 12)** 완전할 전. 전갈 갈 전갈과에 속하는 절지동물(節肢動物)

② **傳喝(삼하 19 : 14)** 전할 전. 외칠 갈 임금이나 상전의 명령을 받아 이어서 전달함

82. 전례

① **前例(요 18 : 39)** 앞 전. 법식 례 이전부터 내려오는 일 처리의 관습

② **典例(시 122 : 4)** 법 전. 법식 례 옛일에 근거가 되는 선례(先例)

83. 전사

① **戰死(신 20 : 5)** 싸울 전. 죽을 사 전장에서 싸우다가 죽음

② **戰士(삿 20 : 17)** 싸울 전. 선비 사 전투하는 군인

84. 정숙

① **貞淑(딤전 2 : 15)** 곧을 정. 맑을 숙 여정으로서 행실이 깨끗하고 마음씨가 고움

② **靜肅(느 8 : 11)** 고요할 정. 엄숙할 숙 조용하고 엄숙함

85. 제도

① **制度(벧전 2 : 13)** 마를 제. 법도 도 제정된 법규, 나라의 법칙

② **製圖(왕하 16 : 10)** 지을 제. 그림 도 기계, 건축물, 공작물 등의 도안이나 도면을 그려서 작성하는 일

86. 제사

① **祭祀(마 9 : 13)** 제사 제. 제사 사 신에게 정성을 들여 의식을 베풂

② **祭司(히 7 : 11~12)** 제사 제. 맡을 사 제사를 맡아 감독함

87. 조상

① **祖上(마 3 : 9)** 조상 조. 위 상 한 갈래의 혈통을 이어 오는 할아버지 이상의 어른

② **弔喪(삼 1 : 17)** 조상할 조. 죽을 상 남의 죽음에 대하여 상주(喪主)에게 슬픔을 나타내는 인사를 함

88. 조화

① **調和(고후 6 : 15)** 고를 조. 화할 화 서로 알맞게 어울림

② **造化(잠 8 : 22)** 지을 조. 될 화 어떻게 이루어진 것인지 알 수 없을 정도로 신통하게 된 사물

89. 종자

① **種子(왕상 18 : 32)** 씨 종. 어조사 자　씨

② **從者(느 5 : 10)** 좇을 종. 놈 자　데리고 다니는 사람

90. 주석

① **註釋(대하 24 : 27)** 주낼 주. 풀 석　이해하기 쉽도록 풀이함

② **朱錫(계 1 : 15)** 붉을 주. 주석 석　놋쇠

91. 주장

① **主張(눅 20 : 27)** 주인 주. 베풀 장　자기의 의견과 주의

② **主掌(롬 6 : 9)** 주인 주. 손바닥 장　목대 잡아서 맡아 행함. 목대 잡다/여러 사람을 거느리고 지휘하다.

92. 중상

① **重傷(삼상 31 : 3)** 무거울 중. 상처 상　심한 부상

② **中傷(잠 10 : 18)** 가운데 중. 상처 상　사실무근의 악명을 씌워서 남의 명예나 위신, 지위 등을 손상시키는 일. 헐뜯기

93. 지체

① **遲滯(눅 1 : 21)** 늦을 지. 막힐 체　어물어물하여 시간이 늦어짐

② **肢體(롬 6 : 13)** 사지 지. 몸 체　팔다리와 몸

94. 직공

① **職工(행 19 : 25)** 임무 직. 장인 공　자기 손의 기술에 의해 물건을 만드는 것을 직업으로 하는 사람

② **織工(사 38 : 12)** 짤 직. 장인 공　직물 제조의 직공(職工)

95. 진정

① **眞正(삼하 14 : 5)** 참 진. 바를 정　참되고 바름

② **眞情(렘 40 : 16)** 참 진. 뜻 정　거짓이 없는 참된 정이나 애틋한 마음. 진실한 사정

② **鎭靜(행 19 : 35)** 진압할 진. 고요할 정　시끄럽고 요란하던 것이 가라앉아 고요하게 됨

96. 천대

① **千代(출 34 : 7)** 일천 천. 시대 대　많은 대, 영원

② **賤待(말 2 : 9)** 천할 천. 기다릴 대 업신여겨서 푸대접함

97. 충신

① **忠臣(요 19 : 12)** 충성 충. 신하 신 나라의 임금을 위하여 충성을 다하는 신하

② **忠信(계 19 : 11)** 충성 충. 믿을 신 충성과 신의, 진심을 써서 거짓이 없음

98. 충실

① **充實(막 4 : 28)** 찰 충. 열매 실 속이 올차서 단단하게 여묾

② **忠實(삼상 22 : 14)** 충성 충. 열매 실 충직하고 성실함

99. 표시

① **表示(눅 1 : 12)** 겉 표. 보일 시 자기의 생각이나 몸가짐 따위를 겉으로 나타내 보임

② **標示(살후 3 : 17)** 우듬지 표. 보일 시 목표로 하여 외부에 드러내어 보임

100. 표적

① **標的(시 74 : 4)** 우듬지 표. 과녁 적 목표가 되는 물건

② **表迹(蹟)(시 74 : 9)** 겉 표. 자취 적 겉으로 나타난 형적 ☞ ①, ②의 원어는 동일.

101. 항복

① **降伏(눅 10 : 17)** 항복할 항. 엎드릴 복 적이나 상대편에게 잘못했다고 굴복함

② **降服(민 32 : 29)** 항복할 항. 옷 복 항복(降伏)과 같이 사용

102. 해면

① **海面(잠 8 : 27)** 바다 해. 낯 면 바다의 수면

② **海綿(요 19 : 29)** 바다 해. 솜 면 갯솜

103. 행장

① **行狀(대하 33 : 18)** 갈 행. 형상 장 사람이 죽은 뒤에 그 평생의 행적을 적은 글

② **行裝(겔 12 : 7)** 갈 행. 꾸밀 장 여행할 때 쓰는 제구

104. 화목

① **和睦(욥 22 : 21)** 화할 화. 화목할 목 서로 뜻이 맞고 정다움

② **火木(대상 21 : 23)** 불 화. 나무 목 땔나무

105. 후대

① **厚待(시 119 : 17)** 두터울 후, 기다릴 대　후하고 두텁게 대접함

② **後代(수 22 : 27)** 뒤 후, 시대 대　앞으로 올 세대

③ **後隊(민 2 : 31)** 뒤 후, 대 대　뒤에 있는 대오(隊伍)

106. 후원

① **後園(에 1 : 5)** 뒤 후, 동산 원　집 뒤에 있는 정원이나 작은 동산

② **後苑(에 7 : 7)** 뒤 후, 나라동산 원　대궐 안에 있는 동산　☞ ①, ②의 원어는 동일.

同音異義語(改譯改訂版) 글자

1. 각

① **各 각각 각** (各自 각자 / 창 44 : 1)

② **脚 다리 각** (脚絆 각반 / 삼상 17 : 6)

2. 간

① **間 사이 간** (間隔 간격 / 출 28 : 33)

② **肝 간 간** (肝膽 간담 / 수 2 : 9)

3. 감

① **敢 감히 감** (勇敢 용감 / 왕하 2 : 16)

② **減 감할 감** (減少 감소 / 시 107 : 38)

4. 강

① **江 강 강** (江邊 강변 / 시 137 : 1)

② **强 굳셀 강** (强勸 강권 / 눅 14 : 23)

5. 경

① **輕 가벼울 경** (輕蔑 경멸 / 삼상 2 : 30)

② **磬 경쇠 경** (磬쇠 경쇠 / 삼상 18 : 6)

6. 고

① **告 알릴 고** (告白 고백 / 약 5 : 16)

② **故 옛 고** (故鄕 고향 / 마 16 : 57)

7. 곡

① **穀 곡식 곡** (穀食 곡식 / 마 13 : 29)

② **哭 울 곡** (哭聲 곡성 / 사 15 : 8)

8. 관

① **關 빗장 관** (關心 관심 / 사 5 : 12)

② **冠 갓 관** (冕旒冠 면류관 / 약 1 : 12)

③ **棺 널 관** (棺 관 / 눅 7 : 14)

④ **管 피리 관** (管轄 관할 / 눅 23 : 7)

9. 구

① **求 구할 구** (請求 청구 / 창 30 : 14)

② **救 건질 구** (救濟 구제 / 마 6 : 3)

10. 금

① **金 쇠 금** (金庫 금고 / 에 4 : 7)

② **禁 금할 금** (禁令 금령 / 단 6 : 8)

11. 기

① **旗 기 기** (旗幟 기치 / 사 5 : 26)

② **氣 기운 기** (氣盡 기진 / 마 15 : 32)

12. 노

① **怒 성낼 로** (怒氣 노기 / 눅 6 : 11)

② **櫓 노 노** (櫓 노 / 막 6 : 48)

13. 녹

① **祿 복 녹** (福祿 복록 / 잠 12 : 14)

② **綠 초록빛 록** (綠色 녹색 / 에 1 : 6)

14. 당

① **當 당할 당** (當身 당신 / 창 18 : 5)

② **黨 무리 당** (黨派 당파 / 행 5 : 17)

15. 대

① **對 대답할 대** (對答 대답 / 마 16 : 16)

② **臺 돈대 대** (望臺 망대 / 눅 13 : 4)

③ **代 대신 대** (代贖 대속 / 갈 1 : 4)

④ **隊 대 대** (隊商 대상 / 욥 6 : 18)

16. 독

① **禿 대머리 독** (禿 독(수리) / 사 40 : 31)

② **毒 독 독** (毒蛇 독사 / 마 3 : 7)

17. 동

① **洞 골 동** (洞 동(네) / 마 5 : 14)

② **銅 구리 동** (銅綠 동록 / 마 6 : 19)

③ **東 동녘 동** (東西南北 동서남북 / 눅 13 : 29)

18. 등

① **等 가지런할 등** (等閒 등한 / 히 2 : 3)

② **燈 등잔 등** (燈 등(경) / 마 5 : 15)

19. 만

① **滿 찰 만** (滿朔 만삭 / 고전 15 : 8)

② **萬 일만 만** (萬物 만물 / 요 1 : 3)

20. 망

① **亡 망할 망** (亡命 망명 / 삼상 29 : 3)

② **網 그물 망** (網紗 망사 / 사 3 : 18)

21. 명

① **命 목숨 명** (命令 명령 / 마 27 : 58)

② **名 이름 명** (名譽 명예 / 잠 22 : 1)

22. 반

① **半 반 반** (半圓形 반원형 / 왕상 7 : 31)

② **班 나눌 반** (班長 반장 / 대상 26 : 12)

23. 번

① **番 갈마들 번** (非番 비번 / 대하 23 : 8)

② **燔 구울 번** (燔祭 번제 / 히 10 : 6)

24. 벽

① **甓 벽돌 벽** (甓 벽돌 / 출 1 : 14)

② **壁 벽 벽** (城壁 성벽 / 행 9 : 25)

25. 병

① **病 병 병** (病弱 병약 / 대하 36 : 17)

② **甁 병 병** (甁 병 / 왕상 19 : 6)

26. 보

① **補 기울 보** (補充 보충 / 살전 3 : 16)

② **褓 포대기 보** (襁褓 강보 / 눅 2 : 7)

27. 분

① **忿 성낼 분** (激忿 격분 / 행 17 : 16)

② **憤 결낼 분** (憤慨 분개 / 마 26 : 8)

③ **分 나눌 분** (分配 분배 / 수 13 : 6)

28. 비

① **比 견줄 비** (比較 비교 / 롬 8 : 18)

② **碑 돌기둥 비** (碑石 비석 / 마 23 : 29)

29. 상

① **上 위 상** (上達 상달 / 행 10 : 4)

② **賞 상줄 상** (賞給 상급 / 시 127 : 3)

③ **傷 상처 상** (傷處 상처 / 눅 10 : 3 5)

④ **床 상 상** (水刺床 수라상 / 창 49 : 20)

⑤ **牀 침상 상** (寢牀 침상 / 눅 5 : 18)

30. 성

① **城 성 성** (城樓 성루 / 느 3 : 31)

② **盛 담을 성** (豊盛 풍성 / 요 10 : 10)

31. 세

① **歲 해 세** (歲月 세월 / 엡 5 : 16)

② **稅 구실 세** (稅吏 세리 / 눅 5 : 29)

③ **貰 세낼 세** (貰 세 / 마 21 : 33)

32. 속

① **屬 엮을 속** (附屬品 부속품 / 민 1 : 50)

② **速 빠를 속** (速速 속속 / 사 5 : 19)

③ **俗 풍속 속** (俗談 속담 / 벧후 2 : 22)

33. 수

① **數 셀 수** (數爻 수효 / 출 5 : 8)

② **繡 수놓을 수** (繡 수 / 출 26 : 1)

34. 순

① **順 순할 순** (順從 순종 / 삼상 15 : 22)

② **筍 죽순 순** (筍 순 / 민 17 : 8)

35. 시

① **市 저자 시** (市民 시민 / 엡 2 : 19)

② **詩 시 시** (詩篇 시편 / 눅 24 : 44)

③ **媤 시집 시** (媤 시 / 룻 3 : 17).

④ **時 때 시** (時間 시간 / 마 20 : 12)

36. 심

① **甚 심할 심** (甚至於 심지어 / 눅 12 : 7)

② **心 마음 심** (心靈 심령 / 마 5 : 3)

37. 약

① **弱 약할 약** (弱點 약점 / 롬 15 : 1)

② **約 약속할 약** (約婚 약혼 / 마 1 : 18)

③ **藥 약 약** (良藥 양약 / 잠 3 : 8)

38. 양

① **羊 양 양** (羊角 양각 / 수 6 : 4)

② **洋 바다 양** (洋琴 양금 / 단 3 : 15)

③ **兩 두 량** (兩軍 양군 / 삼상 17 : 21)

④ **量 헤아릴 량** (度量法 도량법 / 욥 38 : 5)

39. 연

① **年 해 년** (年輪 연륜 / 욥 32 : 7)

② **軟 연할 연** (軟弱 연약 / 히 7 : 18)

③ **連 이을 연** (連結 연결 / 엡 2 : 21)

40. 영

① **令 우두머리 영** (命令 명령 / 말 4 : 4)

② **靈 신령 영** (靈感 영감 / 대상 28 : 12)

41. 원

① **願 원할 원** (所願 소원 / 마 15 : 28)

② **元 으뜸 원** (元老 원로 / 대하 10 : 13)

42. 위

① **爲 할 위** (爲人 위인 / 잠 23 : 7)

② **胃 밥통 위** (胃腸 위장 / 딤전 5 : 23)

43. 유

① **柔 부드러울 유** (柔順 유순 / 잠 15 : 1)

② **留 머무를 유** (留宿 유숙 / 행 10 : 32)

44. 인

① **人 사람 인** (人子 인자 / 눅 6 : 5)

② **因 인할 인** (因 인 / 눅 11 : 8)

③ **印 도장 인** (印封 인봉 / 마 27 : 66)

45. 자

① **者 놈 자**

② **字 글자 자** (文字 문자 / 에 3 : 12)

46. 장

① **場 마당 장** (場所 장소 / 민 32 : 1)

② **長 길 장** (長壽 장수 / 잠 3 : 2)

③ **欌 장롱 장**

47. 전

① **全 완전할 전** (全能 전능 / 창 17 : 1)

② **前 앞 전** (前番 전번 / 창 43 : 18)

③ **殿 궁궐 전** (殿閣 전각 / 스 5 : 17)

④ **傳 전할 전** (傳道 전도 / 막 3 : 14)

48. 점

① **點 점 점** (點呼 점호 / 수 8 : 10)

② **占 점칠 점** (占領 점령 / 수 11 : 16)

49. 정

① **淨 깨끗할 정** (淨潔 정결 / 히 1 : 3)

② **定 정할 정** (定處 정처 / 고전 4 : 11)

③ **情 뜻 정** (情慾 정욕 / 벧전 4 : 3)

④ **釘 못 정** (釘 정 / 출 20 : 25)

⑤ **頂 정수리 정** (頂 정수리 / 창 49 : 26)

50. 제

① **除 섬돌 제** (除去 제거 / 요 15 : 2)

② **第 차례 제** (第一 제일 / 고전 13 : 13)

51. 주

① **主 주인 주** (主權 주권 / 골 1 : 16)

② **柱 기둥 주** (柱像 주상 / 호 10 : 1)

③ **週 돌 주** (週間 주간 / 행 20 : 7)

52. 중

① **中 가운데 중** (中風病者 중풍병자 / 마 9 : 21)

② **重 무거울 중** (重生 중생 / 딛 3 : 5)

53. 진

① **陣 줄 진** (陣營 진영 / 민 4 : 5)

② **津 나루 진** (津 진 / 출 2 : 3)

54. 책

① **冊 책 책** (冊床 책상 / 왕하 4 : 10)

② **責 꾸짖을 책** (責望 책망 / 딤전 3 : 10)

55. 처

① **妻 아내 처** (妻妾 처첩 / 전 2 : 8)

② **處 곳 처** (處女 처녀 / 마 1 : 23)

56. 천

① **川 내 천** (川 개천 / 창 30 : 38)

② **賤 천할 천** (賤待 천대 / 신 7 : 9)

57. 청

① **淸 맑을 청** (淸潔 청결 / 마 5 : 8)

② **廳 관청 청**

58. 초

① **初 처음 초** (初實節 초실절 / 출 34 : 22)

② **醋 초 초** (食醋 식초 / 잠 10 : 26)

59. 축

① **縮 다스릴 축** (縮小 축소 / 미 6 : 10)

② **軸 굴대 축** (軸 축 / 왕상 7 : 32)

60. 취

① **取 취할 취** (取利 취리 / 마 25 : 27)

② **娶 장가들 취** (娶 취 / 마 22 : 28)

③ **醉 취할 취** (醉 취 / 롬 13 : 13)

61. 통

① **通 통할 통** (通譯 통역 / 고전 14 : 28)

② **桶 통 통** (桶 통 / 요 2 : 6)

③ **筒 대롱 통** (筒 통 / 왕상 7 : 33)

62. 파

① **波 물결 파** (波濤 파도 / 욘 2 : 3)

② **破 깨뜨릴 파** (破壞 파괴 / 눅 6 : 49)

63. 패

① **敗 깨뜨릴 패** (敗家 패가 / 잠 18 : 9)

② **牌 패 패** (罪牌 죄패 / 막 15 : 26)

64. 편

① **便 편할 편** (便安 편안 / 창 41 : 16)

② **篇 책 편** (詩篇 시편 / 행 1 : 20)

65. 폐

① **廢 폐할 폐** (廢棄 폐기 / 갈 3 : 17)

② **弊 해질 폐** (弊端 폐단 / 전 5 : 13)

66. 표

① **豹 표범 표** (豹 표 / 렘 13 : 23)

② **標 우듬지 표** (標的 표적 / 시 78 : 43)

67. 합

① **盒 합 합** (香盒 향합 / 사 3 : 20)

② **合 합할 합** (合力 합력 /롬 8 : 28)

68. 향

① **向 향할 향** (向方 향방 / 고전 9 : 26)

② **香 향기 향** (香臭 향취 / 창 27 : 27)

69. 화

① **禍 재화 화** (殃禍 앙화 / 잠 12 : 21)

② **火 불 화** (火傷 화상 / 레 13 : 25)

70. 회

① **會 모일 회** (會衆 회중 / 시 22 : 25)

② **灰 재 회** (灰漆 회칠 / 마 23 : 27)

71. 후

① **後 뒤 후** (後裔 후예 / 겔 20 : 5)

② **厚 두터울 후** (厚待 후대 / 창 12 : 16)

四字成語

1. 高利貸金 (고리대금 / 시 109 : 11) 높을 고. 변리 리. 빌릴 대. 쇠 금
부당하게 비싼 이자를 받는 돈놀이

2. 大聲痛哭 (대성통곡 / 스 3 : 12) 큰 대. 소리 성. 슬플 통. 울 곡
목을 놓아 소리를 크게 하여 몹시 슬프게 욺

3. 杜門不出 (두문불출 / 느 6 : 10) 닫을 두. 문 문. 아니 불. 날 출
집안에만 틀어박혀 세상 밖으로 나다니지 아니함

4. 萬壽無疆 (만수무강 / 단 2 : 4) 일만 만. 목숨 수. 없을 무. 지경 강
손윗사람이나 존경하는 분의 건강을 기원할 때에 쓰이어, 매우 오래 삶

5. 滿場一致 (만장일치 / 행 15 : 25) 찰 만. 마당 장. 한 일. 이를 치
회장에 모인 전체 사람의 의견이 완전히 일치함

6. 無用之物 (무용지물 / 욥 34 : 18) 없을 무. 쓸 용. 갈 지. 물건 물
아무짝에도 쓸모없는 물건

7. 世世無窮 (세세무궁 / 롬 16 : 27) 대 세. 없을 무. 다할 궁
대대로 한이 없음

8. 神聖冒瀆 (신성모독 / 마 26 : 65) 하나님 신. 거룩할 성. 무릅쓸 모. 더러워질 독
신의 성품을 모독함

9. 永遠無窮 (영원무궁 / 엡 3 : 21) 길 영. 멀 원. 없을 무. 다할 궁
영원하여 끝이 없음

10. 人身賣買 (인신매매 / 딤전 1 : 10) 사람 인. 몸 신. 팔 매. 살 매
사람의 몸을 상품과 같이 팔고 사는 일

11. 一口二言 (일구이언 / 딤전 3 : 8) 한 일. 입 구. 두 이. 말씀 언
한 입으로 두 가지 말을 한다는 뜻으로, 한 사람이 한 가지 일에 대하여 이랬다저랬다 상반되게 하는 말을 일컬음

12. 子子孫孫 (자자손손 / 왕하 17 : 41) 아들 자. 손자 손
자손의 여러 대

13. 前無後無 (전무후무 / 출 11 : 6) 앞 전. 없을 무. 뒤 후. 없을 무
전에도 없고 앞으로도 없음

14. 全身甲胄 (전신갑주 / 엡 6 : 11) 완전할 전. 몸 신. 갑옷 갑. 투구 주
온몸에 완전하게 무장하여 튼튼함

15. 全心全力 (전심전력 / 딤전 4 : 15) 완전할 전. 마음 심. 완전할 전, 힘 력
오로지 그 일에만 마음과 힘을 한데 모아서 씀

16. 前後左右 (전후좌우 / 출 30 : 3) 앞 전. 뒤 후. 왼쪽 좌. 오른쪽 우
사방을 말함

17. 重言復言 (중언부언 / 마 6 : 7) 무거울 중. 말씀 언. 다시 부. 말씀 언
이미 한 말을 거듭 되풀이함

18. 珍羞盛饌 (진수성찬 / 시 141 : 4) 맛좋은 음식 진. 맛있는 음식 수. 담을 성. 반찬 찬
맛이 좋고 많이 잘 차린 음식

19. 悖逆無道 (패역무도 / 삼상 20 : 30) 어그러질 패. 거스릴 역. 없을 무. 덕행 도
패악하고 불순하여 사람다운 점이 없음

20. 虛浪放蕩 (허랑방탕 / 눅 15 : 13) 빌 허. 방자할 랑. 놓을 방. 쓸어버릴 탕
말이나 행동이 허황되고 착실하지 못하고 술과 여자에 빠져 행실이 나쁨

同字異音

1. 乾(간. 건)

① **간조 乾燥** (신 8 : 15. 렘 17 : 6) 마를 간. 마를 조
건조의 본딧말

② **건조 乾燥** (렘 2 : 6) 하늘 건. 마를 조
물기나 습기가 없음

2. 酵(교. 효)

① **무교병 無酵餠** (창 19 : 3) 없을 무. 술밑 교. 떡 병
누룩을 넣지 않고 만든 빵

② **발효 醱酵** (호 7 : 4) 술 괼 발. 술밑 효
미생물에 의하여 산소의 관여로 분해되는 현상을 가리킴. 띄우기

3. 洞(동. 통)

① **동네 洞네** (마 2 : 23) 골 동
각기 자기가 사는 집의 근처

② **통찰 洞察** (잠 24 : 12) 꿰뚫을 통. 살필 찰
온통 밝혀서 두루 살핌

4. 樂(락. 악)

① **쾌락 快樂** (딤후 3 : 4) 쾌쾌할 쾌. 즐거울 락
기뷴이 좋고 즐거움

② **음악 音樂** (전 12 : 4) 소리 음. 음악 악
노래

5. 惡(악. 오)

① **악령 惡靈** (삼상 16 : 14) 악할 악. 신령 령
원한을 품고 못된 재앙을 내린다는 악한 령

② **혐오 嫌惡** (레 11 : 12) 싫어할 혐. 미워할 오
싫어하고 미워함

6. 便(변. 편)

① **변소 便所** (신 23 : 12) 똥 변. 바 소
대소변을 보도록 만들어 놓은 장소

② **불편 不便** (눅 14 : 13) 아니 불. 편할 편
편리하지 않음

7. 復(부. 복)

① **부흥 復興** (합 3 : 2) 다시 부. 일어날 흥
한번 쇠퇴한 것이 다시 성하여 일어남

② **복구 復舊** (사 44 : 26) 돌아올 복. 예 구
예전의 상태를 회복함

8. 索(삭. 색)

① **삭막 索莫** (욥 4 : 18) 동아줄 삭. 없을 막
황폐하여 쓸쓸함

② **토색 討索** (눅 18 : 11) 칠 토. 찾을 색
금품을 억지로 달라고 조름

9. 參(삼. 참)

① **삼성 參星** (욥 9 : 9) 석 삼. 별 성
오리온 별자리의 중앙에 나란히 있는 세 개의 큰 별

② **참석 參席** (단 3 : 2) 간여할 참. 자리 석
어떤 자리에 참여함

10. 狀(상. 장)

① **상황 狀況** (단 9 : 18) 형상 상. 하물며 황
어떤 일의 되어가는 과정이나 또는 상태

② **행장 行狀** (대하 33 : 18) 갈 행. 형상 장
사람이 죽은 뒤에 그 평생의 행적을 적은 글

11. 刺(자. 라)

① **자극 刺戟** (신 32 : 27) 찌를 자. 창 극
어떤 현상이 빨리 일어나도록 신경을 흥분시키거나 또는 그러한 작용

② **수라상 水刺床** (창 49 : 20) 물 수. 수라 라. 상 상
임금에게 올리는 진짓상

12. 切(절. 체)

① **간절 懇切** (눅 22 : 44) 정성 간. 끊을 절
지성스럽고 간곡함

② **일체 一切** (빌 4 : 12) 한 일. 온통 체
온갖 것

13. 暴(포. 폭)

① **포악 暴惡** (창 6 : 11) 사나울 포. 악할 악
잔인하고 악함

② **폭력 暴力** (창 49 : 5) 사나울 폭. 힘 력
난폭한 힘

14. 降(항. 강)

① **항복 降伏** (민 32 : 29) 항복할 항. 엎드릴 복
적이나 상대편에게 잘못했다고 굴복함

② **강림 降臨** (눅 3 : 22) 내릴 강. 임할 림
하나님이 하늘에서 속세로 내려옴

15. 行(행. 항)

① **행동 行動** (민 24 : 18) 갈 행. 움직일 동
몸을 움직여 동작함

② **항오 行伍** (나 2 : 3) 항렬 항. 대오 오
군대를 조직한 대오(隊伍)

難解 單語

1. **각반 脚絆** (삼상 17 : 6) 다리 각. 줄 반
다리에 감거나 돌려 싸거나 하는 띠

2. **강보 襁褓** (눅 2 : 7) 포대기 강. 포대기 보
포대기

3. **개가 凱歌** (시 20 : 5) 즐길 개. 노래 가
개선가

4. **개척 開拓** (수 17 : 15) 열 개. 넓힐 척
황무지를 일구어 농사지을 땅을 넓힘

5. **검열 檢閱** (사 13 : 4) 단속할 검. 검열할 열
검사하여 열람함

6. **겁탈 劫奪** (겔 45 : 9) 위협할 겁. 빼앗을 탈
남의 것을 강제로 빼앗음

7. **견책 譴責** (잠 15 : 32) 꾸짖을 견. 꾸짖을 책
허물이나 잘못을 밝혀서 꾸짖고 나무람

8. **경련 痙攣** (막 9 : 20) 심줄 땅길 경. 쥐날 련
근육이 수축 운동을 일으키는 현상

9. 경악 驚愕 (렘 29 : 18) 놀랄 경. 놀랄 악
깜짝 놀람

10. 곤비 困憊 (사 40 : 30) 괴로울 곤. 고달플 비
고달파서 힘이 없음

11. 공궤 供饋 (삼하 19 : 33) 이바지할 공. 먹일 궤
윗사람에게 음식을 드림

12. 과장 誇張 (골 2 : 18) 자랑할 과. 베풀 장
사실보다 지나치게 나타냄

13. 관할 管轄 (눅 23 : 7) 피리 관. 관장할 할.
일정한 권한에 의해 통제하거나 지배함

14. 교활 狡猾 (롬 16 : 18) 교활할 교. 교활할 활
간사한 꾀로 잘 둘러댐

15. 구속 救贖 (호 13 : 14) 건질 구. 속바칠 속
예수께서 죄악과 악마로부터 인류를 건져 냄

16. 구애 拘礙 (고전 7 : 15) 잡을 구. 거리낄 애
거리낌

17. 궁창 穹蒼 (창 1 : 7) 하늘 궁. 푸를 창
푸른 하늘

18. 궤사 詭詐 (잠 13 : 2) 속일 사. 속일 궤
간사한 거짓

19. 근신 謹愼 (벧전 5 : 8) 삼갈 근. 삼갈 신
언행을 삼가서 조심함

20. 기근 饑饉 (막 13 : 8) 주릴 기. 흉년들 근
굶주림

21. 기습 奇襲 (창 34 : 25) 기이할 기. 엄습할 습
생각지 않은 판에 기묘한 전술을 써서 습격함

22. 기치 旗幟 (사 11 : 10) 기 기. 기 치
군중(軍中)에서 사용하는 갖가지 기

23. 기탄 忌憚 (고후 11 : 17) 꺼릴 기. 꺼릴 탄
어렵게 여기거나 거북하게 여겨서 꺼림

24. 납치 拉致 (출 12 : 16) 꺾을 납. 보낼 치
불법적인 강제 수단을 써서 억지로 데리고 가거나 끌고 감

25. 낭패 狼狽 (시 40 : 14) 이리 랑. 이리 패
일이 뜻대로 되지 않아 매우 딱하게 됨

26. 노략 擄掠 (수 7 : 21) 사로잡을 로. 노략질할 략
떼를 지어 돌아다니며 사람과 재물을 약탈함

27. 노획 鹵獲 (욥 29 : 17) 소금 로. 얻을 획
싸워서 적의 군용품 등을 빼앗음

28. 뇌물 賂物 (잠 15 : 27) 뇌물 줄 뢰. 물건 물
사리(私利)를 얻기 위하여 남에게 몰래 주는 부정한 물건이나 돈

29. 누설 漏洩 (잠 25 : 9) 샐 루. 샐 설
비밀이 새어 나감

30. 늑탈 勒奪 (겔 39 : 10) 굴레 륵. 빼앗을 탈
남의 소유물이나 권리 같은 것을 힘을 써 억지로 빼앗음

31. 능란 能爛 (사 3 : 3) 능할 능. 문드러질 란
익숙하여 매우 솜씨가 있음

32. 단련 鍛鍊 (계 1 : 15) 쇠 불릴 단. 불릴 련
높은 열로 쇠붙이를 달구어 두드려서 단단하게 함

33. 대치 對峙 (삼상 17 : 21) 대할 대. 우뚝 솟을 치
대립하고 있는 양편이 서로 맞서서 버팀

34. 도륙 屠戮 (에 7 : 4) 잡을 도. 죽일 륙
옳고 그름을 따지지 않고 무참하게 마구 죽임

35. 도말 塗抹 (사 43 : 25) 진흙 도. 바를 말
겉에 무엇을 발라서 본래의 모습이 드러나지 않게 함

36. 동서 同壻 (룻 1 : 15) 한 가지 동. 사위 서
자매간의 남편들이 서로 부르는 이름

37. 동자 瞳子 (시 17 : 8) 눈동자 동. 어조사 자
눈동자

38. 등상 凳床 (눅 20 : 43) 걸상 등. 상 상
나무로 만든 세간의 한 가지

39. 만찬 晩餐 (고전 11 : 20) 저물 만. 먹을 찬
손님을 초대하는 저녁 식사

40. 모독 冒瀆 (마 12 : 31) 덮을 모. 더러워질 독
언행으로 더럽혀 욕되게 함

41. 모함 謀陷 (딤전 3 : 11) 꾀할 모. 빠질 함
남을 모해하여 어려운 처지에 빠지게 함

42. 몽설 夢泄 (신 23 : 10) 꿈 몽. 샐 설
잠을 자다가 성적인 쾌감을 얻어 정액을 사출함

43. 무저갱 無底坑 (계 20 : 3) 없을 무. 밑 저. 구덩이 갱
악마가 갇혀 있는 끝없이 깊은 구렁텅이

44. 문란 紊亂 (레 18 : 23) 어지러울 문. 어지러울 란
도덕이나 질서, 규칙 등이 해이해서 어지러움

45. 민첩 敏捷 (단 5 : 12) 재빠를 민. 이길 첩
활동하는 일이 능란하고 재빠름

46. 밀랍 蜜蠟 (시 22 : 14) 꿀 밀. 밀 랍
꿀벌이 분비하는 것으로 벌집의 주성분이 되는 물질

47. 박대 薄待 (욥 24 : 21) 엷을 박. 기다릴 대
인정 없이 심하게 대접함

48. 박탈 剝奪 (사 10 : 2) 벗길 박. 빼앗을 탈
마구 강제로 빼앗음

49. 발효 醱酵 (호 7 : 4) 술 괼 발. 술 괼 효
탄수화물이 미생물에 의하여 산소의 관여로 분해되는 작용. 띄우기

50. 배낭 背囊 (막 6 : 8) 등 배. 주머니 낭
물건을 담아서 등에 짊어질 수 있도록 헝겊이나 가죽으로 만든 네모진 주머니

51. 배상 賠償 (출 22 : 5) 물어줄 배. 갚을 상
남에게 끼친 손해를 물어줌

52. 범람 氾濫 (사 54 : 9) 넘칠 범. 퍼질 람
물이 넘쳐 흐르는 것

53. 병참감 兵站監 (렘 51 : 59) 군사 병. 역마을 참. 볼 감
작전군을 위하여 후방에 주둔하면서 보충 병대와 보급 군수품을 보내고, 상병자(傷病者)나 파손된 군수품을 후송하는 일과 후방 연락선을 확보하는 일을 맡은 기관의 감독자

54. 보루 堡壘 (렘 30 : 18) 둑 보. 성채 루
적의 접근이나 포화에서 아군을 보호하기 위하여 쌓은 구축물

55. 봉쇄 封鎖 (렘 13 : 19) 봉할 봉. 쇠사슬 쇄
굳게 잠금

56. 부적 符籍 (겔 13 : 20) 부신 부. 서적 적
재앙을 방지하고 귀신을 쫓아내기 위하여 집, 의복, 신체 등에 붙이거나 휴대한 부자(符字)를 적은 종이

57. 분개 憤慨 (마 26 : 8) 성낼 분. 분개할 개
격분하여 몹시 분하게 여겨 한탄함

58. 분쇄 粉碎 (렘 51 : 22) 가루 분. 부술 쇄
가루처럼 잘게 부스러뜨림

59. 비열 鄙劣/卑劣 (시 12 : 8) 어리석을 비. 못할 열
성품과 행실이 천하고 용렬함

60. 빙자 憑藉 (시 94 : 20) 기댈 빙. 깔개 자
남의 힘을 빌려서 의지함

61. 사유 赦宥 (미 7 : 18) 용서할 사. 용서할 유
죄를 용서하여 줌

62. 산호 珊瑚 (욥 28 : 18) 산호 산. 산호 호
산호충(珊瑚虫)의 몸을 싸고 있는 석회질의 뼈

63. 상쾌 爽快 (창 18 : 5) 시원할 상. 쾌할 쾌
마음이 가볍고 유쾌함

64. 서광 瑞光 (사 21 : 4) 상서 서. 빛 광
상서로운 빛

65. 선동 煽動 (행 14 : 2) 부채 선. 움직일 동
어떤 행동 대열에 참여하도록 남을 부추기어 움직임

66. 성채 城砦 (애 2 : 2) 성 성. 울타리 채
성과 요새

67. 소굴 巢窟 (마 21 : 13) 집 소. 굴 굴

도둑, 악한(惡漢), 비도(匪徒)들의 떼가 숨어 사는 곳

68. 소성 蘇醒 (시 19 : 7) 소생할 소. 깰 성

까무러쳤다가 다시 정신이 듦

69. 소요 騷擾 (마 2 : 3) 떠들 소. 어지러울 요.

여러 사람이 술렁술렁 소란스럽게 들고 일어남

70. 속건제 贖愆祭 (삼상 6 : 8) 속바칠 속. 허물 건. 제사 제

죄를 용서받기 위하여 드리는 제사

71. 수금 竪琴 (시 33 : 2) 세울 수. 거문고 금

하프

72. 수색 搜索 (삼상 26 : 20) 찾을 수. 찾을 색

더듬어서 찾음

73. 수은제 酬恩祭 (암 4 : 5) 갚을 수. 은혜 은. 제사 제

하나님께 받은 은혜를 감사하는 제사의 일종

74. 수척 瘦瘠 (시 6 : 2) 파리할 수. 파리할 척

몸이 몹시 야위고 파리함

75. 수염 鬚髥 (삼상 21 : 13) 수염 수. 구레나룻 염

남자의 입가, 턱, 뺨에 나는 털

76. 순수 純粹 (시 119 : 140) 순수할 순. 순수할 수

이질적인 것이 섞이지 않음

77. 습격 襲擊 (수 11 : 7) 엄습할 습. 부딪칠 격.

생각지 못한 사이에 갑자기 적을 덮치어 공격함

78. 아첨 阿諂 (살전 2 : 5) 언덕 아. 아첨할 첨

남의 마음에 들게 하려고 비위를 맞추며 간사히 알랑거리는 것

79. 암초 暗礁 (유 1 : 12) 어두울 암. 암초 초

물속에 숨어 있는 바위

80. 애도 哀悼 (삼하 3 : 31) 슬플 애. 슬퍼할 도

사람의 죽음을 슬퍼함

81. 어눌 語訥 (사 32 : 4) 말씀 어. 말 더듬을 눌

말이 능숙하지 못하고 떠듬떠듬함

82. 억울 抑鬱 (잠 18 : 5) 누를 억. 막힐 울

억눌리어 답답함

83. 엄습 掩襲 (삿 9 : 33) 가릴 엄. 엄습할 습

뜻밖에 습격함

84. 연주 演奏 (시 33 : 3) 멀리 흐를 연. 아뢸 주

여러 사람 앞에 악기를 써서 음악을 들려줌

85. 예리 銳利 (히 4 : 12) 날카로울 예. 날카로울 리

칼붙이 따위의 날이나 끝이 잘 들게 날카롭거나 뾰족함

86. 오만 傲慢 (시 1 : 1) 거만할 오. 거만할 만

태도나 행동이 거만함

87. 올응 兀鷹 (신 14 : 17) 우뚝할 올. 매 응

독수리의 일종, 썩은 고기 먹는 독수리. 너새(레 11 : 18)

88. 옹기 甕器 (창 19 : 28) 독 옹. 그릇 기

질그릇과 오지그릇의 통칭

89. 우박 雨雹 (출 9 : 25) 비 우. 우박 박

큰 물방울이 공중에서 갑자기 찬 기운을 만나 얼어 떨어지는 것

90. 우회 迂廻 (민 21 : 4) 멀 우. 돌 회

바로 가지 않고 멀리 돌아서 감

91. 울분 鬱憤 (잠 22 : 24) 막힐 울. 성낼 분
답답하고 분함

92. 원통 冤痛 (딤후 3 : 3) 원통할 원. 아플 통
분하고 억울함

93. 위축 萎縮 (시 44 : 18) 마를 위. 다스릴 축
마르거나 시들어서 우그러지고 쭈그러듦

94. 유기 鍮器 (레 6 : 28) 놋쇠 유. 그릇 기
놋그릇

95. 유린 蹂躪 (사 68 : 13) 밟을 유. 짓밟을 린
남의 권리나 인격 등을 짓밟고 침해함

96. 은근 慇懃 (시 101 : 5) 괴로워할 은. 은근할 근
겉으로 나타내지는 않지만 마음으로 생각하는 정도가 깊음

97. 인색 吝嗇 (고후 9 : 17) 아낄 인. 아낄 색
재물에 대한 욕심이 많아서 체면이나 도리를 돌아보지 않고 몹시 아낌

98. 자극 刺戟 (신 32 : 27) 찌를 자. 창 극
외적 조건의 변화가 감각 기관을 흥분시켜서, 그 흥분을 중추(中樞)에 전달하게 하는 작용

99. 자세 藉勢 (벧전 5 : 3) 깔개 자. 기세 세
자기의 세력이나 또는 남의 세력을 빙자하여 의지함

100. 장악 掌握 (삿 3 : 28) 손바닥 장. 쥘 악
손아귀에 잡아 쥠

101. 장애 障碍 (고전 9 : 12) 가로막을 장. 거리낄 애
막아서 거치적거림

102. 적개심 敵愾心 (창 49 : 23) 원수 적. 성낼 개. 마음 심
적에 대한 의분과 분개하는 마음

103. **전갈 傳喝** (삼하 19 : 14) 전할 전. 외칠 갈
임금이나 상전의 전언을 받아 이어서 전달함

104. **전대 纏帶** (막 6 : 8) 얽힐 전. 띠 대
돈이나 물건을 넣어 가지고 다닐 수 있도록 만든 한쪽 끝이 터진 긴 자루

105. **조소 嘲笑** (애 1 : 8) 비웃을 조. 웃을 소
비웃음

106. **주발 周鉢** (막 7 : 4) 두루 주. 바리때 발
놋쇠로 만든 밥그릇의 일종

107. **주저 躊躇** (행 22 : 16) 머뭇거릴 주. 머뭇거릴 저
머뭇거리거나 나아가지 못하고 망설임

108. **절도 竊盜** (요 10 : 8) 훔칠 절. 훔칠 도
남의 물건을 몰래 훔침

109. **즐비 櫛比** (욥 41 : 15) 빗 즐. 견줄 비
많은 것이 빗살과 같이 가지런하고 빽빽하게 늘어섬

110. **지체 遲滯** (눅 1 : 21) 늦을 지. 막힐 체
어물어물하여 시간이 늦어짐

111. **진수성찬 珍羞盛饌** (시 141 : 4) 맛좋은 음식 진. 음식물 수. 담을 성. 반찬 찬
맛이 좋고 많이 잘 차린 음식

112. **짐작 斟酌** (행 27 : 27) 술 따를 짐. 따를 작
사정이나 형편 등을 어림쳐서 헤아림

113. **차단 遮斷** (욥 38 : 15) 막을 차. 끊을 단
막거나 끊어서 그치게 하거나 통하지 못하게 함

114. **착취 搾取** (레 19 : 13) 짤 착. 취할 취
몹시 누르거나 비틀어 즙이나 젖, 또는 기름 따위를 짜냄

115. 찬란 燦爛 (눅 24 : 4) 빛날 찬. 문드러질 란
빛이 눈부시게 현란함

116. 참담 慘憺 (시 141 : 4) 참혹할 참. 평안할 담
괴롭고 슬픈 모양

117. 참호 塹壕 (렘 32 : 24) 구덩이 참. 해자 호
보루(堡壘)나 포대(砲臺) 등의 군사 시설의 변두리에 파놓은 구덩이

118. 창일 漲溢 (사 30 : 20) 불을 창. 넘칠 일
물이 불어나 넘침

119. 철퇴 鐵槌 (시 74 : 6) 쇠 철. 망치 퇴
쇠로 만든 몽둥이

120. 체포 逮捕 (막 15 : 7) 미칠 체. 사로잡을 포
죄를 지었거나 그 혐의가 있는 사람을 잡아서 구속함

121. 초조 焦燥 (욥 20 : 2) 애탈 초. 마를 조
애를 태워서 마음을 졸이는 모양

122. 초췌 憔悴 (단 1 : 10) 수척할 초. 파리할 췌
고생이나 병으로 인하여 몸이 여위고 파리함

123. 치열 熾烈 (삿 20 : 34) 성할 치. 세찰 열
기세나 세력이 불길같이 맹렬함

124. 치질 痔疾 (신 28 : 27) 치질 치. 병 질
항문의 안팎에 나는 외과에 속하는 병의 총칭

125. 탄로 綻露 (출 2 : 14) 옷 터질 탄. 들어낼 로
비밀이 드러남

126. 태장 笞杖 (고후 11 : 25) 볼기 칠 태. 지팡이 장
볼기를 치는 형벌의 도구

127. 터득 攄得 (욥 8 : 8) 펼 터. 얻을 득
스스로 생각하여 이치를 깨달아 알아냄

128. 통촉 洞燭 (시 11 : 4) 꿰뚫을 통. 촛불 촉
윗사람이 아랫사람의 사정이나 형편 따위를 깊이 헤아려 살핌

129. 패물 佩物 (창 24 : 53) 찰 패. 물건 물
사람의 몸에 차는 장식물

130. 편벽 偏僻 (출 23 : 3) 치우칠 편. 후미질 벽
공정하지 못하고 한편으로 치우침

131. 편집 編輯 (잠 25 : 1) 엮을 편. 모을 집
신문, 잡지, 서적 등을 만들기 위하여 수집한 기사, 원고를 어떤 기획에 의하여 보충, 취사선택, 정정, 배열로 형식을 갖추는 일

132. 포상 褒賞 (벧전 2 : 14) 기릴 포. 상줄 상
칭찬하여 상을 줌

133. 포효 咆哮 (렘 25 : 30) 으르렁거릴 포. 으르렁거릴 효
사납게 외침

134. 폭양 曝陽 (사 25 : 4) 쬘 폭. 볕 양
뜨겁게 내리쬐는 볕

135. 풍자 諷刺 (욥 27 : 1) 풍자할 풍. 간할 자
잘못에 대해 비웃으며 빗대어 공격함

136. 피폐 疲弊 (렘 51 : 64) 지칠 피. 해질 폐
기운이 지치고 쇠약해짐

137. 함정 陷穽 (대상 11 : 22) 빠질 함. 허방다리 정
짐승을 잡기 위하여 파놓은 구덩이

138. 해달 海獺 (출 25 : 5) 바다 해. 수달 달
족제빗과에 속한 물짐승

139. 해이 解弛 (합 1 : 4) 풀 해. 늦출 이
긴장이나 규율이 풀리어 마음이 느즈러짐

140. 혐오 嫌惡 (왕상 15 : 13) 싫어할 혐. 미워할 오
싫어하고 미워함

141. 협착 狹窄 (마 7 : 14) 좁을 협. 좁을 착
차지하고 있는 자리가 몹시 좁음

142. 호마노 縞瑪瑙 (출 25 : 7) 명주 호. 마노 마. 마노 노
보석의 일종

143. 황급 遑急 (사 52 : 12) 허둥거릴 황. 급할 급
허둥지둥하여 급히 서두는 모양

144. 후예 後裔 (욥 18 : 19) 뒤 후. 후손 예
핏줄을 이은 먼 후손

145. 훼방 毁謗 (사 37 : 4) 헐 훼. 헐뜯을 방
남을 헐어서 꾸짖음

146. 흉용 洶湧 (욘 1 : 11) 물살 세찰 흉. 샘솟을 용
큰 물결이 세차게 일어남

147. 흠향 歆饗 (레 26 : 31) 받을 흠. 잔치할 향
하나님이 제물을 받음

148. 희롱 戱弄 (마 27 : 41) 놀 희. 희롱할 롱
말이나 행동으로 실없이 놀리는 일

149. 희미 稀微 (고전 13 : 12) 드물 희. 작을 미
분명하지 못하고 어렴풋함

150. 힐난 詰難 (막 8 : 11) 물을 힐. 어려울 난

트집을 잡아서 따지고 듦

• **참고서적** : 성경전서(개혁개정판), 국어대사전(민중서관), 성경성구대전(아가페), 에센스 玉篇(한국사전연구사), 성서백과대사전(성서교재간행사)

단어 찾기

ㄱ

가장 75
각반 88, 102
각자 88
간격 88
간담 88
간사 75
간절 101
간조 99
감소 88
강건 75
강권 88
강림 101
강변 88
강보 91, 102
개가 102
개척 102
거부 75
건조 99
검열 102
겁탈 102
격분 75
견책 102
경계 75
경멸 88
경쇠 88
경악 103
계수 75
고대 76
고리대금 97
고백 89
고용 76
고향 89
곡성 89
곡식 89
곤비 103
공궤 103
공중 76
공포 76
과실 76
과장 103
관리 76
관심 89
관할 89
교활 103
구속 103
구애 103
구제 89
구조 76
굴복 76
궁창 103
궤사 103
근신 103
금고 89
금령 89
기근 103
기명 76
기습 104
기진 89
기치 89, 104
기탄 104

ㄴ

납치 104
낭패 104
노기 89
노략 104
노획 104
녹색 89
뇌물 104
누설 104
늑탈 104
능란 104

ㄷ

단련 104
당신 90
당파 90
대답 90
대상 77. 90
대성통곡 97
대속 90
대신 77
대치 105
도량법 93
도륙 105
도말 105
독사 90
동네 90
동록 90
동서 77, 105
동서남북 90
동자 105

두문불출 97
등경 90
등상 105
등한 90

ㅁ

만물 90
만삭 90
만세 77
만수무강 98
만장일치 98
만찬 105
망대 90
망명 90
망사 90
면류관 89
명령 90
명예 90
모독 105
모함 105
몽설 105
무교병 99
무사 77
무시 77
무용지물 98
무저갱 105
문란 105
문자 94
민첩 106
밀랍 106

ㅂ

박대 106
박탈 106
반원형 91
반장 9
반포 77
발효 99
배낭 106
배상 106
번제 91
범람 106
벽돌 91
변경 78
변소 100
병약 91
병참감 106
보고 78
보루 106
보수 78
보조 78
보충 91
복구 100
복록 89
본성 78
봉쇄 106
부대 78
부속품 92
부적 107
부흥 100
부자 78
부정 78
분개 107
분배 91
분쇄 107
불의 79
불편 100
비교 91
비번 91
비석 91
비열 107
빙자 107

ㅅ

사기 79
사모 79
사사 79
사신 79
사욕 79
사유 79, 107
사자 79
사정 80
삭막 100
산호 107
삼성 101
상고 80
상관 80
상금 91
상달 91
상소 80
상처 91
상쾌 107
상황 101
서광 107

서원 80
선동 107
성루 80
성벽 91
성채 107
성품 80
세리 92
세세무궁 98
세월 92
소굴 108
소생 80
소성 108
소요 108
소원 93
속건제 108
속담 92
속속 92
수금 108
수령 81
수라상 91
수리 81
수색 108
수염 108
수은제 108
수중 81
수척 108
수행 81
수효 92
순수 108
순종 92
습격 108
시간 92
시기 81
시민 92
시인 81
시장 81
시종 81
시편 92
식초 95
신고 81
신성모독 98
심령 92
심장 82
심지어 92

ㅇ

아침 108
악령 100
안장 82
암초 109
앙화 97
애도 109
약점 93
약혼 93
양각 93
양군 93
양금 93
양식 82
양약 93
어눌 109
어전 82
억울 109
엄습 109
역사 82
연결 93
연기 82
연륜 93
연약 93
연주 109
영감 93
영원무궁 98
예리 109
오만 109
올응 109
옹기 109
왕성 82
용감 88
우박 109
우회 109
울분 110
원로 93
원통 110
위인 93
위장 93
위축 110
유기 110
유리 82
유린 110
유숙 93
유순 93
유지 83
은근 110
음부 83
음악 100
의사 83
의원 83
이상 83

이전 83
인도 83
인봉 94
인색 110
인신매매 98
인자 83, 94
일구이언 98
일체 84

ㅈ

자고 84
자극 110
자세 84, 110
자자손손 98
장대 84
장부 84
장사 84
장소 94
장수 84, 94
장악 110
장애 110
장인 84
적개심 110
전각 94
전갈 85, 111
전능 94
전대 111
전도 94
전례 85
전무후무 98
전번 94
전사 85
전신갑주 98
전심전력 99
전후좌우 99
절도 111
점령 94
점호 94
정결 94
정숙 85
정욕 94
정처 94
제거 94
제도 85
제사 85
제일 94
조상 85
조소 111
조화 85
종자 86
죄패 96
주간 95
주권 95
주발 111
주상 95
주석 86
주장 86
주저 111
중상 86
중생 95
중언부언 99
중풍병자 95
즐비 111
지체 86, 111
직공 86
진수성찬 99, 111
진영 95
진정 86
짐작 111

ㅊ

차단 111
착취 111
찬란 112
참담 112
참석 101
참호 112
창일 112
책망 95
책상 95
처녀 95
처첩 95
천대 86, 95
철퇴 112
청결 95
청구 89
체포 112
초실절 95
초조 112
초췌 112
축소 96
충신 87
충실 87
취리 96
치열 112

침상 92

ㅋ

쾌락 100

ㅌ

탄로 112
태장 112
터득 113
토색 100
통역 96
통찰 100
통촉 113

ㅍ

파괴 96
파도 96
패가 96
패물 113
패역무도 99
편백 113
편집 113
평안 96
폐기 96
폐단 96
포상 113
포악 101
포효 113
폭력 101
폭양 113
표시 87
표적 87.96
풍성 92
풍자 113
피폐 113

ㅎ

함정 113
합력 97
항복 87
항오 102
해달 114
해면 87
해이 114
행동 102
행장 87
향방 97
향취 97
향합 97
허랑방탕 99
혐오 100
협착 114
호마노 114
화목 87
화상 97
황급 114
회중 97
회칠 97
후대 88, 97
후예 114
후원 88
훼방 114
흉용 114
흠향 114
희롱 114
희미 114
힐난 115

글자 찾기(千字文)

ㄱ | 146字

음								
가	家 23	架 31	可 42	價 52	加 68	歌 41	街 64	
각	刻 24	閣 71						
간	間 11	肝 67	簡 70	看 29				
갈	竭 70							
감	感 36	減 65	瞰 50	監 41	龕 42			
갑	甲 57							
강	强 15	剛 39	講 40	康 52	江 54	襁 29		
개	開 35	改 55	蓋 29	凱 41	漑 49			
거	去 15	据 33	車 57	據 59	擧 57	居 67		
건	建 19	健 52	愆 25					
걸	乞 39							
검	劍 20							
격	格 20	擊 57						
견	譴 50	見 61						
겸	謙 21							
결	決 17	結 47	訣 37					
경	敬 15	徑 16	耕 40	警 34	竟 47	輕 50	經 52	傾 58
계	繼 35	計 58	戒 64	啓 27				
고	古 17	高 21	羔 23	孤 30	固 39	考 65	告 36	庫 50
	故 56	顧 63	賈 41	苦 61				
곤	困 40							
골	骨 46							
공	公 43	空 9	恭 15	共 13	供 41			
과	過 15	果 19	寡 43					
관	管 43	官 58	關 60	觀 64	館 28	灌 49		
광	光 9	廣 10	曠 10					
괴	壞 25							
교	交 30	敎 65	驕 63					
구	懼 17	丘 21	救 36	究 40	具 55	嘔 63		
국	國 38							
군	君 17	群 22	軍 54					
궁	窟 33	穹 10	宮 33	窮 43				
권	權 25	眷 37	勸 36					
궐	獗 48							

궤 詭 71
귀 貴 12 歸 23 鬼 33
규 叫 31 規 11
균 菌 48
극 極 32 戟 67
근 根 16 近 23 勤 69
금 禁 24 金 35
급 及 30 給 41 急 61
긍 矜 28
기 忌 47 記 15 棄 17 奇 23 基 26 氣 32 祈 34 妓 48 機 53 起 53 器 55 欺 70 旗 41

ㄴ | 24字

나 懶 70 喇 55 拿 42
난 難 61
남 男 11 南 10
납 納 53
내 耐 31
냉 冷 62
녀 女 11
년 年 66
노 奴 16 怒 20 勞 42 露 49 擄 50 努 59
녹 錄 51
뇌 惱 45
누 累 36 樓 71 陋 47 漏 54
능 能 25

ㄷ | 45字

다 多 46
단 斷 17 團 49 單 56 短 56 壇 59
달 達 18
담 談 38 膽 67 憺 42
답 踏 30 答 39
당 當 38

대 對 12 代 14 大 20 待 43 隊 54 袋 60 臺 64 帶 30

덕 德 21

도 度 11 禱 34 塗 51 渡 54 屠 56 都 58 導 59 蹈 64

독 獨 30 督 36 讀 40

돈 沌 9

동 東 10 冬 10 童 22 銅 27 同 58 動 42

두 頭 34

둔 鈍 60

득 得 53

등 登 55 燈 61

ㄹ | 35字

락 樂 14 落 24

란 亂 25 卵 36 爛 35

래 來 55

략 掠 50 略 70

량 糧 12 量 65

려 勵 44 麗 24 慮 66

력 力 59 歷 63

령 領 56 令 28 靈 27

례 例 11 禮 54

로 路 30

론 論 40

롱 弄 31

뢰 賴 16

료 療 52 鬧 67

류 類 64

륙 戮 56

리 理 40 里 58 吏 58 利 61

림 臨 34 林 38

립 立 71

ㅁ | 59字

- **막** 莫 70
- **만** 萬 12, 滿 23, 慢 63, 蔓 63, 瞞 70
- **말** 末 38, 抹 51
- **망** 亡 16, 罔 32, 望 64
- **매** 妹 15, 昧 16, 每 65, 賣 53, 買 53, 呆 67
- **맥** 麥 22, 脈 41
- **맹** 盟 19, 猛 47
- **면** 面 9, 眠 54
- **멸** 滅 16, 蔑 69
- **명** 明 9, 名 47, 命 28
- **모** 母 15, 慕 42, 貌 62, 毛 62, 某 63, 謀 70
- **목** 木 13, 目 18, 牧 21, 睦 46, 沐 62
- **몰** 沒 57
- **몽** 夢 58
- **묘** 墓 67, 妙 20
- **무** 無 16, 巫 49, 武 57, 舞 64, 務 69
- **묵** 默 31
- **문** 門 23, 問 48, 文 52, 紋 66
- **물** 物 12
- **미** 微 37, 米 44, 美 62
- **민** 民 14
- **밀** 密 50

ㅂ | 82字

- **박** 迫 34, 縛 47, 雹 56, 朴 27, 薄 28, 搏 41
- **반** 磐 39, 飯 46, 叛 66
- **발** 發 23, 髮 62
- **방** 方 23, 放 24, 邦 43, 肪 44, 謗 47, 防 61, 彷 64
- **배** 拜 13, 配 22, 背 66, 培 18
- **백** 百 45, 帛 70, 伯 42
- **번** 繁 12, 飜 52, 燔 39, 煩 45, 番 56
- **벌** 罰 20, 伐 59
- **범** 犯 48
- **법** 法 11
- **벽** 壁 68, 僻 69
- **변** 變 34, 辯 40

별 別 14
병 餠 22 兵 57 病 69
보 保 11 步 30 寶 34 補 46 報 54 褓 29
복 福 14 複 18 伏 39 服 64 覆 29 僕 29
본 本 61
부 不 13 父 15 富 27 部 29 復 33 婦 43 腐 60 負 60 膚 62 附 30 付 32
북 北 10
분 分 22
불 佛 64
비 備 33 飛 34 鼻 44 誹 47 非 51 費 52 秘 37 匪 64 琵 67 悲 28 肥 60
빈 賓 12
빙 憑 62

ㅅ | 140字

사 謝 22 死 32 四 35 寫 43 社 48 査 51 斜 58 使 59 士 60 事 57 舍 28 沙 71 赦 50 詐 42
산 山 13 珊 26 産 18 算 68
삼 三 33
상 象 17 賞 14 像 16 上 31 翔 34 常 37 詳 65 傷 45 床 58 相 60 爽 29 商 41
색 塞 68 色 45 索 69 嗇 28
생 生 14 牲 39
서 誓 19 西 10 序 22 恕 36 書 52 庶 66
석 石 33 惜 35 席 68
선 善 13 先 20 選 14 船 63 旋 67 宣 68
설 設 19 洩 54
섭 攝 44
성 聖 27 盛 12 性 16 成 18 城 19 誠 32 醒 34 聲 35
세 歲 38 世 65 細 48 稅 53 勢 53 洗 62
소 蘇 21 所 19 訴 31 笑 37 蔬 38 消 44 素 27
속 贖 25 屬 37 俗 49 束 49 續 11 速 61
손 孫 12 遜 21 損 45
송 頌 27 松 38
쇄 鎖 25

수 水 9 守 11 數 18 受 20 遂 33 樹 38 輸 26 壽 37 髓 46 讐 45 獸 47 秀 46 收 53 睡 54 首 68 鬚 69 搜 69 瘦 48

숙 宿 49 淑 68

술 術 55

숭 崇 42

습 襲 57

승 承 35 勝 61 乘 63

시 施 19 試 20 時 35 猜 47 是 51 市 58 示 27 視 69 侍 69 始 38

식 識 16 食 12 息 14 殖 26

신 神 12 信 17 新 26 身 37 伸 36 呻 48

실 實 19 失 32 室 67

심 心 18 甚 70 審 51

ㅇ | 154字

아 兒 22

악 惡 13 握 53

안 安 14

암 暗 9 巖 39

압 壓 66

앙 仰 17

애 愛 13 哀 35 埃 30

액 厄 55 液 69

야 野 10 也 21 耶 21 夜 40 惹 67

약 弱 15 約 11 藥 46

양 羊 26 養 21 陽 32 兩 32 揚 68 良 46

어 禦 61 魚 63

억 憶 15 抑 66

언 言 11

엄 嚴 17

업 業 26

여 旅 30

역 域 49 譯 52 役 59 逆 60

연 然 22 聯 27 緣 56 連 11 延 63

열 裂 32 列 43 熱 40

염 廉 52 念 66 艶 68 髥 69 鹽 46
영 永 14 迎 43 英 62 榮 68 影 49
예 隷 16 豫 33 譽 68
오 汚 58
옥 沃 26 玉 29
온 溫 62
옹 擁 29
와 瓦 57
완 完 33 頑 39
왕 王 20
외 畏 17 外 56
요 擾 25 夭 40 妖 68 要 68
욕 慾 45 浴 62
용 湧 39 用 52 勇 60 容 36
우 牛 26 愚 16 偶 16 右 34 友 37 優 46 雨 56 寓 67
운 運 9 雲 22
웅 雄 62
원 原 10 願 19 遠 51 怨 45 員 49 園 19 寃 36
월 越 23 月 65
위 胃 44 爲 54 危 57 衛 69 位 65 威 17 圍 25
유 由 25 幼 50 誘 24 有 13 乳 30 幽 69 宥 50 維 65 逾 23 遊 64
육 肉 45 六 12 育 21
윤 潤 46
율 律 67
은 恩 14 隱 50 銀 42
음 飮 46 音 51 吟 48
읍 邑 19
응 應 39
의 意 18 依 16 衣 56 議 70
이 耳 44 移 53 異 58 履 63
익 益 38
인 人 11 仁 13 引 59 姻 24 認 31 忍 31 因 51 吝 28
일 日 33 一 37 溢 31
임 任 49
입 入 53
잉 孕 27

ㅈ | 110字

자 子 12 姉 15 者 21 自 25 炙 36 刺 67 慈 28 藉 62

작 爵 65

잔 殘 47

잠 潛 63

잡 雜 18

장 掌 43 張 26 腸 31 帳 32 壯 38 長 37 臟 44 奬 44 裝 57 場 55 將 59

재 再 34 財 45 材 46 裁 51 災 51 在 60 栽 18

쟁 爭 47

저 詛 35

적 的 18 蹟 23 敵 25 適 37 籍 28

전 全 49 田 26 殿 33 轉 53 戰 55 前 61

절 節 15 切 31 絶 31 折 40

점 占 56

접 接 43

정 正 21 整 22 情 54 征 59

제 弟 15 濟 36 祭 39 題 48

조 兆 70 造 9 調 15 彫 24 條 52 早 53 朝 64

족 足 23 族 24

존 存 11 尊 17

종 種 38

좌 座 34

주 呪 35 晝 40 主 17 柱 23 周 25 酒 45 胄 57 做 29

죽 竹 38

중 衆 22 重 30

증 增 26 憎 42 證 59

지 地 9 之 12 至 17 止 24 知 36 智 65 脂 44 遲 55 支 59 持 65

직 直 21 職 49

진 震 20 盡 18 診 52 進 20 陣 25 眞 40 珍 41

질 秩 22 疾 51 嫉 13

짐 朕 70

집 集 22

징 徵 17 懲 64

ㅊ | 62字

차 次 59
착 着 56
찬 讚 27 饌 41 燦 35
찰 察 41
참 塹 61 慘 42
창 創 9 蒼 10 唱 27 娼 48 猖 48 倉 50 槍 56
채 菜 38
책 責 50 策 20
척 滌 62 斥 28 瘠 48
천 千 14 天 9 川 13 泉 39
철 鐵 27
첨 添 69
첩 捷 16
청 青 21 聽 44
체 替 30 滯 55 體 29
초 草 13 招 55
촉 促 36
총 總 49
최 最 21
추 秋 10 追 24
축 畜 12 祝 22 築 19 逐 33
춘 春 10
출 出 26
충 充 31 衷 18 忠 29
취 就 19 取 44
측 測 64
층 層 66
치 致 19 置 33 治 65 稚 50 癡 67 幟 41
친 親 37
칠 七 24
침 侵 48

ㅋ | 1字

쾌 快 29

ㅌ | 26字

- 타: 墮 24, 唾 69
- 탁: 託 32
- 탄: 歎 35, 誕 42
- 탈: 脫 45
- 탐: 探 40, 貪 58
- 탕: 蕩 70
- 태: 太 32, 殆 57, 胎 27, 怠 70, 態 13
- 택: 擇 14, 澤 46
- 토: 土 26, 吐 63
- 통: 統 66, 通 41
- 퇴: 退 28
- 투: 妬 13, 鬪 47, 投 53, 套 56
- 특: 特 18

ㅍ | 30字

- 파: 破 25, 播 38, 巴 26, 把 53, 派 59, 波 66, 琶 67
- 판: 判 51
- 팔: 叭 55
- 퍅: 愎 39
- 패: 敗 60, 悖 60
- 편: 便 34
- 평: 平 10
- 폐: 幣 70, 閉 25, 廢 60
- 포: 布 43, 抱 29, 褒 14
- 폭: 暴 71
- 풍: 豊 27, 風 61
- 피: 疲 40, 避 45, 皮 62
- 필: 筆 43, 畢 47, 必 54
- 핍: 乏 43

ㅎ | 86字

하 夏 10 下 50
학 瘧 51 虐 71
한 旱 51 漢 52
할 割 54 轄 66
함 陷 57
합 合 20
항 恒 37 項 52 航 63
해 害 45 海 54 解 57
행 行 9
향 鄕 58 香 30
허 虛 9
험 驗 20
현 玄 44 現 60 賢 68 顯 23
혈 血 23
형 刑 30 形 13 兄 15 亨 41
혜 惠 14 慧 65
호 護 11 呼 31 好 37 壕 61 戶 28
혹 惑 24 酷 47
혼 混 9 婚 24 魂 45
홀 忽 50
홍 紅 54
화 話 12 化 34 華 24 花 35 和 46 禍 55 火 61 譁 66
확 確 19 擴 26
환 歡 43 幻 49
활 闊 10 活 33
황 黃 35 荒 60 皇 42
회 膾 36 會 48 悔 55 回 63 灰 68
획 劃 58
효 爻 18 孝 32
후 後 32 嗅 44 后 42
훈 訓 65 勳 20
훤 喧 66
휘 揮 32
훼 毁 59
휼 恤 28 譎 71
흉 凶 66 胸 29
흑 黑 9
흡 吸 44
희 戲 31 犧 39 稀 28

성경으로 본 千字文

2011년 5월 10일 초판 1쇄 인쇄
2011년 5월 20일 초판 1쇄 발행

편저자 / 김기우

펴낸이 / 한정숙
펴낸곳 / 선한청지기
등록 / 제313-2003-00358호
주소 / 서울특별시 마포구 서교동 382-14
전화 / (02) 322-2434(대표) 팩스 / (02) 322-2083

기독교 총판 : 생명의 말씀사
www.kukminpub.com

ISBN 978-89-959618-8-9 03720

*잘못된 책은 구입한 서점에서 교환해 드립니다.